俳優のためのオーディションハンドブック

ハリウッドの
名キャスティング・
ディレクターが
教える「本番に
強くなる」心構え

シャロン・ビアリー＝著
奈良橋陽子＝監修
シカ・マッケンジー＝訳

フィルムアート社

HOW TO AUDITION ON CAMERA:
A Hollywood Insider's Guide for Actors
by Sharon Bialy

Japanese translation rights arranged with
Tilbury House Publishers
through Japan UNI Agency, Inc., Tokyo

【凡例】

本文中においてマーカー処理をほどこした太字の語句は、巻末の用語集に記載している。

テレビドラマおよび演劇作品において日本未放送／未上演のもの、
書籍において未邦訳のものは、原則的に原題のまま記載し（未）と記した。

シャロン・ビアリーへの賛辞

サラ・ベルナール級の名優も
出演依頼が来なければ意味がない。
演技は芸術、オーディションは技術。
本書には、この世界を知り尽くしたシャロンならではの
実践的なアドバイスと厳しい愛が詰まっている。生半可な言葉はない。
野心的なテレビドラマを作るプロデューサーは俳優に何を求めるか？
その答えがはっきりわかるだろう。

——**ヴィンス・ギリガン**（プロデューサー）
テレビドラマ『ブレイキング・バッド』製作総指揮

シャロン・ビアリーの発想力は素晴らしい。
発想力なら連邦政府も負けてはいないが、
シャロンの事務所がいきいきとくり出すアイデアは実際にうまくいく。
僕はどれだけ助けられてきたことだろう。
「オーディションのコツが知りたいなら、
しばらく審査する側として働いてみることよ」と彼女は言うが、
これほど的を射たアドバイスは他にない。
本書はあらゆる俳優に役立つはずだ。
この本を持っている俳優をオーディションで見かけたら、
シャロンと僕は敬意のまなざしを向けるだろう。

——**デヴィッド・マメット**（劇作家）
戯曲『グレンギャリー・グレン・ロス』で一九八四年ピューリッツァー賞戯曲部門受賞

オーディションと聞けば俳優として不安にならずにいられません。
でも、シャロンの本を読めば安心です。
オーディションが実際にどのようにおこなわれて、
俳優は何に気をつけるべきかがわかります。
もっと前にこの本があったなら、
私も恥ずかしい失敗をしなくて済んだのに。
シャロン・ビアリーは俳優を心から愛する
キャスティング・ディレクター。
この本には、自信をもって最高の演技するためのヒントが
包み隠さず披露されています。

――クリステン・リッター（俳優）
テレビドラマ『ブレイキング・バッド』ジェーン役、テレビドラマ『ジェシカ・ジョーンズ』主人公ジェシカ役

なぜこの本を読むべきか？
オーディションを受けるなら、
事前に情報を仕入れておくほどいいからだ！
シャロンは「この役者なら安心して任せられる」と思ってもらえる
余裕と自信をもてと言うが、そのとおりだ。
時間とお金を費やすのは彼ら、制作側なのだから。
弾薬の量が多いほど、バーンとでっかく爆発できる。
なぜ僕がそう言うかは、この本を読めばわかるだろう。

——ノーマン・リーダス（俳優）
テレビドラマ『ウォーキング・デッド』ダリル役

オーディションに来た俳優を輝かせる手腕にかけて、
シャロン・ビアリーは天下一品だ。
いくつもの作品で彼女の仕事ぶりを見てきた僕は、
この本で彼女が伝えようとしていることがよくわかる。
オーディションで最大限の表現をするために必要な知識がいっぱいだ。

——**デイビス・グッゲンハイム**（映画監督）

ドキュメンタリー映画『不都合な真実』で第79回アカデミー賞長編ドキュメンタリー賞と主題歌賞受賞

業界に携わるなら必読の一冊。
私は俳優をオーディションに送り出す側の人間ですが、
シャロンが俳優をリスペクトし、
最高の演技を引き出そうとしてくれているのがわかります。
俳優を選ぶ目において、彼女と並ぶ者はいません。

——**アイリス・グロスマン**（タレントエージェント）
パラダイム・タレント・エージェンシー在籍

駆け出しの頃に、
こんな具体的なアドバイスがほしかった。

——**ブライアン・クランストン**（俳優）
テレビドラマ『ブレイキング・バッド』ウォルター役で第66回エミー賞主演男優賞受賞

目次

目次

Contents

Contents

目次

ブライアン・クランストンによるまえがき

シャロンの本のまえがきを書いてほしいと頼まれた時、まえがきに当たる「foreword」は前進を意味する「forward」と音が一緒だなと思った。荒波にもまれる俳優たちの羅針盤を思わせる。僕らは常に先を見据え、役づくりの時も前に進もうと努力する。オーディションも前向きに、楽しみにして臨まなければ務まらない。そう、楽しみにすればいいのだ。オーディションは難しい。だが、難しい問題がいくつか解決すれば、今よりも楽しくなるだろう。この本のポイントは、まさに、そこにある。僕らが落とし穴にはまるのを避け、楽しく演技ができるように導いてくれるのだ。

この本でシャロンは貴重な情報を与えてくれている。読みながら、僕は何度も「そのとおりだ」と思ってうなずいた。こうして彼女の本にまえがきを寄せるのを光栄に思う。そしてまた、僕と同じ俳優である読者の皆さんに対しても、本当に名誉に感じている。

演技と俳優に対するシャロンの情熱はずっと変わらない。たまたま見かけた求人広告に応募してキャスティング・ディレクターになる人もいるが、彼女は違う。シャロンは才能を鋭く見抜く目を持っている。

テレビドラマシリーズ『ブレイキング・バッド』のキャストをご覧頂ければ、シャロンの眼力がおわかりになるだろう。シャロンと共にキャスティング・ディレクターを務めるシェリー・トーマスとスタッフたちは、ストーリーを形にするのにぴったりの俳優として、僕たちキャストを見出してくれたのだ。同番組では僕も二、三のエピソードを監督したが、その時もシャロンを全面的に頼らせて頂いた。彼女の見立てはいつも完全に正しかった。

演技の世界は奥が深い。一冊や二冊の本では語り尽くせない。だが、もしもあなたが実践的なオーディションの作法を知りたいなら、この本があればじゅうぶんだ。僕は一九七九年からプロの俳優として仕事をしている。ずいぶん長い年月だ。シャロンの本を読み終えて、僕はすぐにこう思った。「駆け出しの頃に、こんな具体的なアドバイスがほしかった」と。それが今、ここにある。どうか楽しんで下さい。幸運を祈ります。

――ブライアン・クランストン
（俳優、二〇一四年八月『ブレイキング・バッド』にてエミー賞主演男優賞受賞）

第二版によせて

この本の初版を出した時、四年後に改訂版を発売するとは予想していませんでした。この業界では毎年、多くの変化があります。読者の皆さんに俳優としてさらに飛躍して頂くために、時流に合わせた情報をお伝えすべきだと思って書き直したのが本書です。初版の発売は二〇一二年。それ以来、Netflix や Amazon や Hulu など多くのプラットフォームでさまざまな形態のオリジナルコンテンツが放映、ストリーミングされるようになりました。俳優にとって、とてもよい時代と言えるでしょう。多種多様な映像や動画に加えて「従来の」テレビ番組や映画もあります。私一人では追いきれないため、私の事務所ビアリー／トーマス&アソシエイツの六人で手分けして、できるだけ多くの映像や動画を観るようにしています。

私の事務所をご覧頂くだけでも、いかに多くの物事が動いているかがおわかりになると思います。オーディションに来た俳優たちの演技を撮影し、その映像をプロデューサーに送るのも私たちの仕事です。その際、役の候補に挙がった俳優の名簿を添付します。この名簿はネットワークやスタジオの人たちに配役の提案をするためのもの。その裏側で、すでに他の作品に出演中で配役できない俳優の名簿も一ページから数ページほどあるのです。

その、いわば「売約済み」の名簿に入ることを目指しましょう。大好きな演技の仕事で活躍できるよう、本書を生かして頂けましたら幸いです。

なお、本文で太字にしている語は、巻末の用語集に掲載してあります。

二〇一六年七月

イントロダクション

私はハリウッドで二十九年間以上キャスティング・ディレクターをしてきました。映像作品向けのオーディションについての質問をいつも頂きますが、新人もベテランも、間違った噂や昔の本の古い情報に惑わされているケースが多いことに気づきます。「誤った知識に注意せよ。無知でいるより危険である」と劇作家のジョージ・バーナード・ショーは言っています。オーディションについての誤解を解くため、私はこのガイドブックを書くことにしました。俳優の皆さんに役立つ情報を簡潔にまとめています。特に映像作品向けのオーディションの技法について、キャスティング・ディレクターの視点から書いています。キャスティング・ディレクターはオーディションに立ち会い、プロデューサーや監督と一緒に配役の最終決定をする立場にいます。本書の内容をすぐに生かし、成功を目指して頂けたらと願っています。

映像作品への出演を志すなら、オーディションの受け方は必ずマスターしておきましょう。二〇一二年の情報誌バラエティによると、Google は YouTube に合計百個のチャンネルを新設し、マーケティングに二億ドルを費やすと発表したそうです。テレビや映画に次ぐ「第二のスクリーン」は今後もどんどん発展していくでしょう。これまでになかった新しいメディアによって、俳優の出演の機会が激増するのです。そこで仕事を獲得していくには、やはり、カメラの前で演技をするオーディションの形態をよく知ることが必要です。撮影に慣れるにつれて、仕事は自然に増えていくでしょう。

私はオーディションについて、決まった哲学や理想を信じているわけではありません。優れた俳優はいろいろな先生や方法論からヒントを得て、自分に合うアドバイスを自分なりにまとめているのだと思います。ただ、私は仕事に対する姿勢には強いこだわりをもっています。言い訳にはほとんど耳を貸しません。私がキャスティング・ディレクターとしてあなたに望むのは、宿題をきちんとしてくること。台本をよく読んでシーンを思い描き、具体的ではっきりした選択をして演技のリハーサルをすることです。特にリハーサルは何度も何度もくり返して下さい。それがプロというものです。

練習を重ねておけば、オーディションでのびのび演技できます。自宅にカメラを用意して自分の演技を撮影し、その映像を見てみましょう。友だちや学校のクラスの人たちと一緒に練習してもいいでしょう。一人ぼっちでカメラに向かって演技をするのだとしても、毎日練習を重ねましょう。セリフが五行以下の小さな役や短いシーン、たくさんの人物が登場するシーンや五ページ程度の長いシーンなど、あらゆる題材を練習して下さい。あなたの演技を上達させるためです。どんなことでも、練習しなければうまくなりません。本当は、小さな役というのも存在しません。ただ出演料が少ない役があるだけです。ほんの短いセリフでも、そこに誰も思いつかないような何かを付け加えられるかが大事です。セリフが何行あろうと出演料や再使用料は一定です。ボクシングのヘビー級世界チャンピオンに四度輝いたエヴァンダー・ホリフィールドは「チャンピオンは試練の時に何をするかに本質が表れる。立ち上がって『まだやれる』と言うなら、その人はチャンピオンだ」と言っています。

成功している俳優はあらゆるシチュエーションを想定して準備をします。予行演習をしておけば、いざオーディションという時に緊張しないで済むからです。キャスティング・ディレクターの前で演技する時も、普段と同じ感覚で演技ができるようになって下さい。これは、ミュージシャンが毎日同じメロディーを練習するのと同じ。俳優にとっては自分の身体が楽器のようなものです。「トップに立つ人はただ頑張っているのではない。他の人々より頑張っている、というのとも違う。もっと、もっと頑張っているのだ」と、成功法則について の著書があるマルコム・グラッドウェルは述べています。もっと、もっと頑張っているというのはどれぐらいの努力を言うのでしょう？　彼によると「調査の結果、真のエキスパートになるための魔法の数字は一万時間」だそうです。この一万時間の法則には納得できる面があり、「カーネギーホールへの行き方は？」「練習あるのみ」という有名な問答にも似ています。確かに、何事も練習すれば上達します。演技の練習もこつこつやれば、若くして一万時間に到達するでしょう。しかし、そこで練習を終えていいのでしょうか？　本当にエキスパートになれたでしょうか？　同じことを一万時間くり返せば、どんな分野でもエキスパートになれるのでしょうか？

私には、後から唱えられた理論の方が具体的で、しっくりきます。それは『超一流になるのは才能か努力か?』(アンダース・エリクソン/ロバート・プール著、土方奈美訳、文藝春秋、2016年)に書かれている計画的な練習方法です。コンフォートゾーンと呼ばれる、自分が安心できる範囲から常に自分を押し出してフィードバックをもらい、自分の弱点を特定することが成長の鍵だというのです。ただ練習するだけでなく焦点を絞り込み、ゴールを設定した上での練習で弱点をあぶり出す。それによって人は成長するというわけです。映像演技のオーディションは、それ自体が一つの技術。具体的な方法論が存在します。

小説家ユードラ・ウェルティは「作家の仕事は、それが聖人であれ殺人鬼であれ、その人物の内面に住みつくこと」と言っています。俳優もそれと同じだと私は思います。俳優は人物の中に生き、考え方や話し方、動き方や反応の仕方もその人物の内面から生み出すべき。それも俳優の醍醐味に違いありません。演じている間は別人となり、その人物を探求しますから。そして何らかの真実を発見すれば心が躍り、感動します。私たちがオーディションで求めているのも、演技の中に垣間見える真実なのです。それが演技のリズムやジェスチャーに影響を与えるからです。ほどほどの演技で落ち着こうとせず、その道のエキスパートになって楽しんで下さい。そうしてさまざまな人物を極めて下さい。演じることには、他の職業にない魅力や奥深さがあります。

あなたは俳優になることを選びますか？　あるいは生まれついての「俳優」そのものでしょうか？　本当に優れた俳優になるために、どれぐらいの犠牲を払う決意がありますか？「自分にとって何が価値あるものなのか、自分ではっきりわかっていなきゃだめだ」とピューリッツァー賞候補の小説家フィリップ・マイヤーはニューヨーカー誌のインタビューで述べています（彼はＡＭＣのテレビドラマシリーズ『The Son（未）』のクリエイター。私がキャスティングを担当しました）。先の私の質問を「成功」した俳優に尋ねてみるといいでしょう。ここで言う「成功」とは俳優業で生計を立て、年間の大半を出演に費やすことを指します。それを実現させた俳優たちの多くは「何もかも犠牲にしてかまわない」と言うはずです。あなたもそうするべきだと言うわけではありませんが、より高いレベルで成功したいなら、その心づもりでいて下さい。実際、俳優業を目指すのには大きなリスクが伴います。食べていけるかどうかという点では、どんな芸能や芸術の道も厳しいです。演技の準備に手抜きをすれば長期的な成功は望めません。

運よく二、三回は出演できても、後が続かないでしょう。成功したいなら、常に準備に全力を注ぐべきです。

オーディションを成功させるには、まず、見る人を惹きつけなくてはなりません。それには感情面や知的な面でいろいろな方法があります。役柄やストーリーについて、ぜひ、あなたならではの解釈ができるようになって下さい。

オーディションで見事な演技をすれば、そこにはすでに完全な世界観が組み立てられているものです。それが正しいか間違っているかにかかわらず、俳優が勇気を出してはっきりした選択をして表現した時、オーディションは成功するでしょう。ただし、その俳優の解釈はストーリーをきちんと成立させ、人物の本質をリアルに表現していなければなりません。守るべきところはしっかり守り、冒険するところは思い切って冒険する。そんなバランス感覚が必要です。

私がまだ新人の頃、先輩であるキャスティング・ディレクターのリック・パガーノから「たった一度のオーディションで俳優を見限ってはいけない」と教わりました（「でも三振したらアウト」と冗談を続けますが）。俳優は人生のいろいろなステージで、また、いろいろな環境で才能を開花させます。ですから、私たちの事務所ビアリー／トーマス＆アソシエイツでは俳優が成功するための環境づくりに努力しています。オーディションの技術をマスターし、小さな成功体験を重ねて基礎を作って下さい。

覚えておいてほしいことがあります。キャスティング・ディレクターはあなたがベストを尽くしてくれることを望んでいます。優れた候補者をたくさん集めてプロデューサーと監督を困らせるほどになった時、私はキャスティング・ディレクターとしての責務を果たしていると言えるのです。「どの俳優も素晴らしい。誰か一人を選ぶなんて難しいよ」と彼らが嬉しい悲鳴を上げる時、あなたもその候補者の一人であってほしいと思います。

では、始めましょう！

キャスティング・ディレクターに聞く
28の質問とその答え

1 オーディションでキャスティング・ディレクターが俳優に求めているものは何ですか？

これは私が最も頻繁に頂く質問です。答えはまず才能、次に自信です。

才能とは何でしょう？　才能は私にとって不可思議なものに思えます。この道に入って二十九年間、私は毎日、この謎に魅せられています。才能とは何かを知ろうとすればするほど、答えがわからなくなってしまいます。私は日々、俳優が見せる才能に感服していますが、どうすれば才能を伸ばせるかを教えることはできません。あなたは今、この本を読んでいらっしゃるのですから、きっと才能があるはずです。あなたが**オーディションルーム**で過ごす五分から十分ほどの時間は、キャスティング・ディレクターである私もオーディションに没頭します。電話の応対やスケジュール進行を忘れ、仕事のプレッシャーも忘れ、俳優と一緒に演技の題材に集中します。役柄の大小にかかわらず、それがオーディションで最も大切なことの一つだと私は思っています。才能はともかく、自信のつけ方については私からアドバイスできることがあります。次の四つの項目を心がけて下さい。

練習すること

「完璧を目指すには練習あるのみ」とよく言われます。スポーツ選手は強い意欲をもって練習に励み、忍耐強く頑張ります。あなたもスポーツ選手のように根気強く練習を続けていけば、試合に勝てるでしょう。練習すればするほど競技や試合（俳優の場合はオーディション）と練習との差が少なくなってきます。ぜひ、地道に続けて下さい。自信をつけるために、日々の課題にきちんと取り組むこと。どんな時もベストを尽くすのが当たり前になるよう、くり返しオーディションの練習をして下さい。

喜びを感じること

「あらゆる人に気に入られたい」と思わないで下さい。人の評価を気にすれば必ず失敗します。オーディションではあなたが練習してきたことを表現し、喜びを感じて頂きたいのです。哲学者のアリストテレスは「人は何かを実際におこなうことによって学ぶ」と言っています。私も俳優の皆さんには、オーディションに来る前に何度も予行演習をするよう勧めています。そうして、まず最初にあなた自身が喜びを感じ、満足できるようになって下さい。

手放すこと

台本を読み込み、役づくりをし、演技の練習をして準備を終えたら、その次は最も難しいステップに到達します。それは、すべてを「手放す」こと。オーディションルームに入ったら、それまでにおこなった準備をすべて忘れることが必要です。練習で決めたとおりに演技をしようとしないで下さい。かえって、うまくいかなくなります。練習で積み重ねたものを完全に手放せるようになるには経験が必要ですが、「オーディションの目標は受かることより、キャスティング事務所に顔を覚えてもらって何度も呼ばれるようになること」だと理解すれば、気持ちが楽になるでしょう。演技の仕事は「数を撃てば当たる」という側面がありますから、頻繁にオーディションに呼ばれる方が望ましいのです。

オーディションルームに入ったら、どうしても緊張してしまうものですが、たとえそうでも自信をもっていきいきと存在できるよう、その時のエネルギーを生かしましょう。最近出た本の中で、緊張していることをキャスティング・ディレクターに伝える方が人間味があってよいと書かれているものがありますが、私はまったく同意しません。テレビドラマシリーズを企画する際、アメリカではまず**パイロット版**と呼ばれる試作品（または**シングルエピソード**と呼ばれる一話分のエピソード）を制作します。このパイロット版のキャスティングには何百万ドルもの予算の命運がかかっていますから、緊張しがちな俳優よりは、信頼できる俳優が求められます。自信があって落ち着いている俳優は**プロデューサー**や**スタジオ・エグゼクティブ**、**ネットワーク・エグゼクティブ**と呼ばれる役員たちを安堵させ、「この俳優なら大丈夫だ」と確信させます。そう思わせることが俳優の仕事。それと引き換えに巨額の出演料を得ることもしばしばです。

その瞬間に存在すること

その場で起きることを信じましょう。そうすれば、何か新鮮でエキサイティングなものが自然に展開していきます。あなたが練習で作り上げてきたものと、オーディションの場での流れとを素直に組み合わせることができれば、おのずと自信が生まれるでしょう。あなたが自分でコントロールできる部分はそれほど大きいのです。俳優の自信は演技を始めたとたんに、まるで魔法のように伝わってきます。カメラに映る映像も、まるでその俳優のエネルギーが香り立つかのようなニュアンスを醸し出します。オーディションで自信がどこかに消え失せてしまわないよう、練習の時はできる限り本番に似せるように工夫して下さい。五分間のオーディションを五分間の「仕事」と捉えるのです。役を演じるのなら練習もオーディションも本番もみな同じ。そういう心構えでいれば、高い意識が保てるはずです。自信に満ちあふれたスポーツ選手は見る者の視線をとらえて離しません。彼らは競争を勝ち抜きます。オーディションも、そういった勝ち負けの側面があるのは否めません。演技というアートで競うスポーツ競技のようなものなのです。

ポイント

受かることより、
何度も呼んでもらえるようになることが大事。
まずはあなたが演じる喜びを感じて下さい

2 作品のことをどれぐらい知っておくべきですか？

オーディションを受ける作品については、可能であれば詳しく知っておくべきです。すでに放映中のテレビドラマであればエピソードを二つほど見ると、その作品の演技の「スタイル」がわかるでしょう。現在ではYouTubeなどで動画を検索しておくのは当然のこととされています。どんなトーンで演じればいいか見ておくこと！　経験豊富な俳優でさえ、こうした下調べをしないでオーディションに来る時があります。シリアスなドラマなのにコメディ風の軽い演技をしたり、コメディなのにシリアスな演技をしたりするケースを見かけますが、そのような失敗は防げます。IMDb（有料のIMDbProはさらにお勧めです）やYouTubeで作品の脚本家や監督、プロデューサーの名前を検索すれば、かなりの情報が得られます。また、番組や作品の雰囲気を知ることも大事です。『NCIS～ネイビー犯罪捜査班』のような犯罪サスペンスと『Mom（未）』

のように家庭を舞台としたコメディとではテイストも雰囲気もまったく異なります。『ベター・コール・ソウル』のように抑えたトーンの演技でリアリティを追求するドラマなら、オーディションを受ける時もそのトーンを踏襲すべきです。『アメリカン・ホラー・ストーリー』のようなゴシック風のホラー作品と『シリコンバレー』のようなシットコムとを比べても、オーディションで求められる演技は大きく異なります。

二〇〇四年から放映されたABCのドラマシリーズ『LOST』は二〇一〇年に最終回を迎えるまで、奇妙な島と登場人物たちの謎が視聴者を熱狂させました。それ以来、制作側は「ネタばれ」を強く警戒するようになり、インターネットでの情報流出に神経を尖らせるようになりました。オーディションを受ける俳優たちに偽の「ダミー」台本を使わせ、ストーリーの展開を秘密にする場合もあります。そんな時こそ作品のトーンを知るのが非常に大事です。実際の脚本から抜粋して作られたダミーの台本を読んでも、自分が最終的にどの役を割り当てられるかはわかりません。人物たちがどういった話の流れにいるかを知るのがやっとです。そうしたオーディションに遭遇したら、キャスティング・ディレクターの言葉を信じて下さい。「完璧だったわ」と言われても、何がどう完璧だったかわからない時もあるでしょう。それでも「ああ、よかった」と安心して、後はリラックスして過ごして下さい。

大ヒットしたテレビドラマ『ブレイキング・バッド』のスピンオフ『ベター・コール・ソウル』のオーディションでも偽の台本を使いました。最近、出演者のインタビューで、キム役に決まった女優レイ・シーホーンがその裏話を披露していました。キャスティングを請け負っていた私はオーディションで、まず彼女に、この「偽物」の台本を、好きなように演じて下さいとお願いしました（実際の役どころは知的で賢い人物です）。次に、ニュアンスを変えて演じてもらおうとしたのですが、台本が偽物ですからはっきりした指示が出せません。私は彼女にこう言いました。「この人物は知的だけれど警察官や刑事ではないのよ。そして、姉妹がいるわけでもないの」。ここで私たちは大笑い。そして、二人でその役柄に求められる性格や資質について話し合いました。彼女にはスタジオでの審査に進んでもらいたかったので、いろいろなふうにニュアンスを変えながら、同じシーンを4テイク「試しに演じてみて」もらいました（これらのテイクを製作総指揮のヴィンス・ギリガンとピーター・グールドに見せました）。私は彼女に「ばっちりよ」と伝えましたが、本人は何がどう「ばっちり」なのか、わからずじまいだったでしょう。それでも彼女は私を信じ、朗らかに帰っていきました。私は気づいていませんでしたが、インタビューで彼女は「八年間、ビアリー／トーマス（&アソシエイツ）でオーディションを受け続けたけれど、一度も役をもらったことがなかった」と漏らしていました。「でも、何度もオーディションに呼ばれて参加し続けていれば、いつか完璧な役に出会えるものです」とも。まさにそのとおりで、彼女は大役を得ることができました。

作品のことをよく知っていれば、オーディション情報の真偽を見抜く勘も養えます。ハリウッドのゴシップを扱うウェブサイトに載っているものは、おそらく怪しい情報です。また**ブレイクダウン・エクスプレス**や**ナウ・キャスティング**、**LAキャスティング**といった業界公認のサイト以外で、あまりにもよさそうな募集情報を見かけたら、おそらくそれも怪しい情報です。では、ここに挙げた「業界公認のサイト」について少し説明しておきましょう。ブレイクダウン・エクスプレスは**ブレイクダウン・サービス**社の傘下にある情報ネットワークシステムで、出演者募集の案件を**タレントエージェント**や**マネージャー**に提供します。また、俳優には俳優向けの**アクターズ・アクセス**というウェブサービスがあります。これらはどれもしっかりした企業の媒体で、ブレイクダウン・サービス社はロサンゼルスとニューヨーク、バンクーバーに拠点があり、トロント、ロンドン、シドニーに子会社があります。LAキャスティングとナウ・キャスティングもキャスティング事務所から俳優に向けて迅速で安全な情報提供をおこなっています。

残念なことに、私の事務所の偽情報も出回ったことがありました。某テレビドラマ向けに七十二の役柄を募集中、とインターネットに書かれたのです。このデマを信じた俳優たちから宣材写真の送付が殺到し、私たちはとても悲しい思いをしました。『ウォーキング・デッド』のようなドラマシリーズを見ている人なら、そこまで多くのメインキャストを突然募集するなどあり得ないことがわかるはずです。もし仮に募集があるとすれば**エキストラ**のはず。そして、私たちのようなキャスティング事務所はエキストラを扱いません。専門の**エキストラ・キャスティング・ディレクター**は別におり、選考や登録は撮影場所に近いエリアでおこなわれます。

Facebook の投稿で出演者を募集している場合も、作品などの公式 Facebook ページでない限り注意した方がよいでしょう。私も「How To Audition」という Facebook ページを開設しています。頂いたメッセージにはすべて目を通させて頂いていますが、お返事ができるのは全体の2パーセントほどに過ぎません。そこで『ウォーキング・

デッド』のキャスティングの状況は、公開可能な範囲で投稿を載せました。一人のキャスティング・ディレクターとしての個人アカウントはプライベート重視で、家族や友人と近況をシェアするためだけに利用しています。面識のない俳優さんからよく友達申請を頂きますが、削除するしかありません。何かを発信するならTwitterがお勧めです。おおやけに開かれたプラットフォームですから自由に投稿できます。

新しい連続ドラマの試作品が多く制作されるパイロット・シーズン中は、キャスティング事務所にそれらの脚本が届いているはずです。あなたがすでにエージェントと契約していて、たとえ小さな役でもオーディションを受けるなら、「脚本全体を送ってほしい」とエージェントに頼みましょう。自分に割り当てられたシーンの台本しか読まない俳優が多いのです。それに比べて、脚本全体を入手して読んだ俳優は、作品全体のトーンやキャラクターアーク（物語をとおして人物が遂げる変化）、ストーリーの中で自分が演じるシーンの重要度を把握しています。

最近、私はキアヌ・リーブス主演の映画向けに、ある脇役のキャスティングを請け負いました。オーディションに来た俳優たちの中で、脚本を読んで来なかった人が二割もいてショックを受けました。そのような状態では、脚本をしっかり読み込んでくる優れたライバルたちには太刀打ちできません。オーディションを受けに来るだけ時間の無駄だし、私の時間も無駄になります。「忙しかった」「疲れていた」という言い訳は通用しません。脚本を読んで準備するのは鉄則です。ゆっくり寝るのはオーディションが終わってから。あるいは人生を終えてからにしましょう。

情報は多いに越したことはありませんし、多い方が有利です。「知識は力なり」とは哲学者フランシス・ベーコンの言葉。それはオーディションにも当てはまります。

ポイント

どの役のオーディションかわからない
「ダミー」台本は最も難しいパターン。
しかし、人気番組では
それが当たり前になりつつあるのも事実です

3 セリフは完全に暗記しておくべきですか？ 台本を見てもいいでしょうか？

あなたがやりやすい方を選びましょう。自信をもって演技するために、セリフを完全に覚えて来る俳優はたくさんいます。それでも私は一応、台本（オーディション用の台本は**サイズ（sides）**と呼ばれます）を手に持って演技をするよう勧めています。たとえ準備が万全でも、オーディションで急に何かを求められて驚き、うろたえてしまう可能性があるからです。あるいは、車やお風呂の中で練習した時の調子が、いざキャスティング・ディレクターの前で出せなくなる時もあるかもしれません。そういう場合に台本が手元にあれば、ちらりと見て心を静め、集中力を取り戻せます。あんな大ベテランが、と誰もが驚くような俳優でさえセリフをど忘れすることがあります。セリフを間違えて演技を中断し、「台本を外に置いてきました。取りに行っていいですか？」と尋ねる俳優もいます。私はいつも「いいですよ」と答えますが、俳優は内心どう感じ

ているでしょう。ごそごそと台本を探すのは気まずいものです。台本を手にしてからも、落ち着いて演技できる状態には戻りにくいでしょう。

台本を手に持って演技をすることには、もう一つの利点があります。撮影したオーディション映像を見る人たちに「殺風景なキャスティング事務所でこんなふうに演じられるなら、実際のセットで本物の相手役と演技をすればもっと素晴らしく見えるだろう」と思ってもらえること。監督やプロデューサーは、その俳優がセリフを覚えて本番に臨む様子を想像しながらオーディションを見ています。台本を手に持っていれば、彼らの潜在意識に対して「台本なしで演じる時にはもっと素晴らしい演技になる」と訴えかけることができます。

手に持っている台本を見ても、もちろんＯＫです。そもそも、これは本番ではなくオーディションなのですから。でも、ずっと台本に視線を落として読むのは避けて下さい。下を向くとあなたの頭や前髪ばかりがカメラに映り、つまらない映像になってしまいます。あなたの両目に浮かぶ繊細な表現がカメラのフレームにしっかり収まるように、顔の向きを意識して下さい。あがり症の人やセリフの暗記が苦手な人は台本の最初のセリフと最後のセリフ、そして真ん中あたりのどこかのセリフの三点を確実に覚えましょう。そうすれば、テイクの最初と最後はしっかり前を向いてセリフが言えて、あなたの目線や表情もカメラにきちんと収まります。プロデューサーと監督はその点を重視しますので、とても大事です。

緊張のあまり手が震えて台本が邪魔になるという俳優もいます。その場合は完全にセリフを覚え、**オフブック**で演じましょう。オフブックとは台本を持たずに演じるという意味です。あるいは、台本をクリップボードに挟んで持ってもかまいません。実際、そのようにしてオーディションに臨んだ俳優を採用したこともあります。私はやはり、台本を手に持つことをお勧めしますが、何事にも絶対的なルールはありません。あなたがやりやすい方法や、役づくりにとって役立つ何かが別にあれば、それに従って下さい。いずれにせよ、役が決まって出演料が支払われる段階になれば、台本は持たずに演じるのがあなたの責務になります。

最近は競争が激しくなっています。特に、テレビドラマシリーズの中の一話分に大きな役で**ゲスト出演**する場合や頻繁に登場する役、レギュラー出演などのオーディションでは、シーン全体を完全に暗記して来る俳優たち（台本は手に持つだけ）の方が圧倒的に有利です。そうした強みを見せているのは、長年主役や脇役で活躍してきたベテラン俳優たちです。彼らも新人たちと同じようにオーディションを受けるので、その差は歴然としています。ですから、重要な役のオーディションを受ける時はセリフを完全に覚えた上で臨んで下さい。

一人で語るモノローグの長ゼリフが三ページも続くオーディション台本もたまにあります。約三分間程度の語りですから、かなり大変。でも、どんなに忙しくても長いセリフを完璧に覚えて来る俳優は必ずいるので感心します。彼らが演技を終えて退出すると、私たちは「さすが、プロだわ」とささやき合います。台本を見ないと不安な人は勝負になりません。

丸暗記するのではなく、言葉の意味や意図をくみ取ることも大切です。ストーリーの流れがわからずにセリフを言っても、曖昧な演技しかできません。だから準備には時間がかかるのです。台本をざっと読んだ印象で内容を判断しがちですが、注意深く読み直し、掘り下げて理解しましょう。セリフを覚えると同時に意味を確認するとやりやすいかもしれません。

ポイント

台本の最初と最後、
そして中盤あたりのセリフの三点を確実に暗記しておけば、
テイクの最初と最後にあなたの顔がしっかり映ります

4 宣材写真や出演経歴書（レジュメ）を電子データで送りました。それでも紙に印刷したものは必要ですか？

多くの事務所が俳優の情報を**ブレイクダウン・エクスプレス**や**ナウ・キャスティング**からダウンロードして**プロデューサー**に送っています（私の事務所もそうしています）。特に、ロケ地で撮影される作品ではそれが普通になっています。たとえ電子データのやりとりが主流でも、写真と経歴書を印刷したものはいつでも手渡せるよう、持っていて下さい。繁忙期である**パイロット・シーズン**では特にお願いしたいことです。この時期は新番組の成功を賭けて、出演者の組み合わせを考えます。衣装や音響、美術などの失敗は見逃してもらえても、配役の失敗は許されません。キャスティング事務所は大変なストレスを抱え、てんてこ舞いになります。役の大小を問わず、オーディションに来る時は、念のために写真と経歴書を持参して下さい。それらが私の手元にある場合は、再利用して頂けるよう、オーディション後にご本人にお返ししています。

俳優の情報を電子データで見る場合、私は主にブレイクダウン・エクスプレスとナウ・キャスティングを使いますが、自分の出演情報を更新しないでいる人がたくさんいます。最新情報をキャスティング・ディレクターにアピールするためにも、出演経歴書をこまめに更新しましょう。私は長年、舞台のキャスティングをしてきましたが、**タレントエージェント**や**マネージャー**は俳優の舞台の出演歴をサイトに登録しないことも多いです。「舞台出演も含めた経歴書なら家にあります」と言う俳優も多く、また、週に一人は私の手元に写真が届いておらず、「エージェントが送ってくれたはずですが」と言う俳優に出会います。よく探せば確かに届いているのかもしれませんが、一つの役のオーディションに四十五人の俳優を審査するほどの忙しさですので、うっかり見落とすこともあり得ます。そんな状況を見越して、自分で宣材写真と経歴書を用意するのもプロの姿勢と言えるでしょう。

私の事務所では、私も仲間も、みなそれぞれに将来有望だと思う俳優の写真を壁に貼っています。ですから、あなたもぜひ宣材写真をプリントして、忘れずに持って来て下さい。

ポイント

写真を事務所の壁に貼ってもらえたら将来有望。
忘れずに持参しましょう

5 役柄に合わせた衣装を着て行くべきですか？

何を着るかについては講師やコーチによって意見が異なるでしょう。私なら「無理をせず、ごく自然に人物像を示唆する程度でよい」と答えます。役になりきるために衣装が役に立つなら利用しない手はありません。

あなたの過去の出演作品が知られている場合、オーディションの役に合わせた衣装で行くと、イメージの違いがわかって喜ばれます。また、私はよく「女性は靴が大事」と言います。スニーカーを履くのと、高級なピンヒールの靴を履くのとでは身のこなしや姿勢が変わり、感情や気分も変わります。役に職業の設定がある場合、オーディションではスーツを着るといいでしょう。あなたの実年齢が若い場合は特に、落ち着いた雰囲気を加えることができます。身に着けるもので人が変わって見えることはよくあります。たとえば、個性的なファッションセンスをもつ富豪の役柄なら、私服の中で一番高価なものやデザイナーズ・ブランドの服を着て雰囲気を作り出してもいいでしょう。私が心ときめくのは西部劇のオーディション。AMCのテレビドラマ『The Son（未）』などがそうです。ほとんどの俳優がウエスタン風の帽子やシャツ姿で来場し、女優の皆さんも西部劇に合わせた髪型やドレスを着て来ます。私もウエスタンブーツを履き、「キャスティング・ディレクターも作品の気分になりきる『メソッド演技』をしなきゃね」などと冗談を言ったりしています。

もう一つ、別の時代設定の実例を挙げましょう。ソニー・ピクチャーズ・テレビジョン制作のAmazon Prime Video『ラスト・タイクーン』の舞台は一九三〇年代、黄金期と呼ばれる時代のハリウッドでした。女優の皆さんは手持ちの服の中から苦心して衣装を選び、華やかな装いでオーディションに臨みました。最終選考の候補者の中で一人、美容室で髪を三〇年代風にセットしてきた人がいました。結局彼女が役を勝ち取りましたので、自腹で支払った経費は安い投資となりました。衣装を着れば雰囲気が出ますから、私は時代物のキャスティングが大好きです。

オーディションのためにわざわざ衣装を買う必要はありません。たいていの俳優はカウボーイブーツやチェック柄のシャツや、もっと昔の時代を思わせる古い服を持っています。クローゼット整理が苦手な人も「役のために、捨てないで保管しているの」と胸を張って言えるかもしれません。俳優を目指す人たちは、幼い頃から空想をして遊ぶのが好きだったはずです。その遊びが仕事になるのですから、ぜひ楽しんで頂きたいと思います。

一方、衣装の力を借りずに演技すべきだと信じる人もいるでしょう。それはそれで、かまいません。オーディションには着心地のいい、楽な服装を選んで下さい。あなたにとって一番よい選択をすることが最も大事です。私は弁護士役のオーディションにTシャツとスニーカーで来た俳優を採用することもあります。ストリッパー役のオーディションに普通のシャツとジーンズで来た女優を採用したことも実際にありました。

ポイント

俳優なら流行遅れの洋服も「時代物の衣装」として使えます

6 オーディションを受ける順番で、最初は避けた方がいいですか？

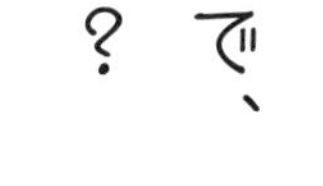

最初の俳優が不利だというのは、よくある誤解です。「キャスティング・ディレクターと**プロデューサー**は最初に何人かの演技を見てから方向性を決めるのだろう」と思うからでしょう。そういう時もありますが、あなたが役にぴったりで、最高の演技をすれば、他の人との比較や順番は関係ありません。最初の俳優が退出した後で、私はスタッフに「決めたわ。もう帰っていいかしら」と言うこともしばしばです。トップバッターが役を鮮やかに表現すれば、初球でホームランを打ったも同然。キャスティングは完了です。私の事務所では、その日の最初の俳優に長く時間をとります。私がシーンについて何かを把握したい場合は、このトップバッターの俳優との時間を利用しますから、私の印象に残る可能性も高くなります。順番が後になるほど**タレントエージェント**やスタジオ、テレビ局への状況報告が立て込んできて、俳優とゆっくり過

ごす時間が取りづらくなります。

脚本家や監督の仕事の仕方も知っておく価値があります。数々の戯曲や映画『評決』『ハンニバル』などの脚本を書いたデヴィッド・マメットの作品のオーディションなら、絶対に早い順番を選ぶべき。私は十年間、彼の作品を担当してきたからわかるのですが、彼は早く帰ります。自分のオフィスに戻って執筆するためです。早い順番あたりの俳優が見事にセリフを言うのを聞くとマメットは「すごくよかった」と述べ、その俳優が退出すると、私に「もう帰っていいかい?」と言うのです。なんとか引き留めるのですが、彼がお昼過ぎまでオーディションルームにいたことはほとんどありません。

もう一つ、気をつけるといい点を挙げておきます。順番を待つ時は、先にオーディションを終えた人の話を聞かないようにしましょう。誰かが善意で「セリフをもう少し大きな声で言って、と言われたよ。だからあなたも声を張った方がいいよ」と言ったとしても、それが全員に当てはまるわけではありません。また、プロデューサーが特定の俳優と長くしゃべり、あなたにはほとんど話してくれなかったとしても気にしないこと。プロデューサーの人柄や態度は俳優によってまったく違って見えることもあります。「私には冷たかった」「僕には気さくだった」というように、俳優によって意見がまちまちだったりします。もしそうだとしても、本当に、あなたが心配するほどの意味はありません。ただオーディションルームに入って演技をするだけでじゅうぶんです。変に勘ぐってても何も変わりません。自信をもって、あなたの心の声に従って下さい。最終的にはよかったと思えるようになるでしょう。

ポイント

自信をもって、心の声に従って。
後で必ず「よかった」と思えるようになります

7 オーディションルームはどのようになっていますか？

私は同じオフィスに一年といたことがありません。頻繁に移転します。オーディションルームもよく変わりますので、私は自分のことを「流浪のユダヤ人」と呼んでいます。携わる作品が決まれば、キャスティング担当である私と仲間たちはその作品のオフィスで仕事をします。脚本や編集、制作スタッフと同じ場所の時もあれば、別の場所を提供される時もあります。広々としたオーディションルームを頂く場合もありますが、雑然とした小部屋が割り当てられる場合もあります。

この本を書いている今、私たちは二つのオフィスで仕事をしています。両方のオフィスをつなぐのはSkypeやビデオチャット。私と共同事業者のシェリー（・トーマス）、あるいはキャスティング・アソシエイトと呼ばれるスタッフとの間で終日連絡を取り合い、情報共有をしています。新しい俳優をみんなに紹介したい時などは、その俳優にもビデオチャットに参加してもらいます。私がいるオフィスには広い部屋が二つ。私たちの事務室と、俳優のオーディションを撮影する部屋です。待機用のラウンジなどはありませんから、順番を待つ場合は廊下にいてもらうようお願いしなくてはなりません。

ビデオ撮影用の部屋は一つの壁面が濃いブルーに塗られており、映像の背景として好ましい色になっています。室内には照明機材のキット（アンブレラとライトが二つ）と外付け用のマイクが一本。小型のカメラと三脚、相手役のセリフを読み上げる**リーダー**用の椅子が用意されています。私は俳優をできるだけきれいに撮るようにしています。なぜなら、一次選考の映像で配役を決定し、二次選考の**コールバック**を省くことが多いからです。オーディションに**プロデューサー**が来場できない場合は誰か人員を二人、部屋に配置するようにしています。私たちが手がける作品の多くはロケ地で撮影が進行中であるため、オーディションで俳優が会うのはキャスティング・ディレクターだけということが多いです。人員が二人いれば一人はビデオ撮影に専念でき、もう一人（私かリーダー役のスタッフ）が俳優とセリフのかけあいをする、というふうに分担できます。オーディションルームの中か待機スペースの壁には作品の出演者の写真を貼り、オーディションを受けに来た俳優が将来どの俳優と共演する可能性があるかが見てわかるようにしています。オーディションルームにスタッフを二人用意する事務所はあまりありません。それでも私がそうするのは、俳優はリアルに誰かと対面して演技をする方がやりやすいためです。また、見やすい映像を撮影してプロデューサーに送るためでもあります。

オーディションルームは親しみやすくプロフェッショナルな雰囲気になるよう心がけています。キャスティング事務所はいわば私の「家庭」です。訪問して下さる人は「ゲスト」ですから、くつろいでもらえるようにお迎えします。俳優はリラックスしている時に最高の演技ができると断言できます。ですから、なごやかなムードを作ることは仕事面でも合理的なことなのです。もう少しだけ、今よりもっと気楽な環境が作れたら、もっといいオーディション映像が撮影できるのに、とも思います。オーディションをする部屋は殺風景になりがちですから、俳優が緊張するのも無理はありません。もしもあなたがカメラの前に立った時、冷たさを感じてあがってしまったら、その場をなごませる努力をしてみて下さい。初対面のスタッフがいれば、気さくに挨拶をしてみましょう。自己紹介をするなら、あなたの名前はフルネームで名乗ること。そうすればキャスティング・ディレクターの記憶に残りやすくなります。演技を始める前に、カメラに向かって自分の名前を言うよう求められることもあります。これは**スレート**と呼ばれており、テイクの内容を記録するカチンコに相当します。私はテイクの最初にスレートを入れず、役づくりをした状態から自然に演技を始めてもらいます。その代わり、テイクの終わりに名前と身長を言ってもらい、映像と音声で記録しておきます。

私はオーディションに合わせて毎回進め方を変えています。オーディションルームでどうするべきかに決まりはありません。私から俳優に話しかけ、いろいろな質問をすることもあります。それは俳優を試すためではなく、緊張をほぐす目的があったり、その人について覚えておきたいことがあったりするためです。ただし、オーディションのシーンが難しい内容あるいは強い感情を求める場面である時は、俳優の心の準備を崩したくありません。すぐに演技を始めてもらい、会話はその後でおこないます。

『ウォーキング・デッド』リックの親友シェーン役のジョン・バーンサルがオーディションに来た時の話をしましょう。彼はその役がとても欲しいことや、題材に深く共感していることを話してくれました。そんなことをオーディションで訴えるのはよくないことかもしれません。でも、彼はとても正直で、純粋に自分の弱さをさらけ出しており、彼がどんなふうに役を演じるかが目に浮かぶようでした。ジョンは過去の出演歴もしっかりしている実力派ですが、「ギャラが無くてもかまいません」とまで言ったのです。「撮影現場の食事係として働きますから」とも。これには大笑いさせられました。彼のタレントエージェントは業界最大手のウィリアム・モリス・エンデヴァーです。「ギャラ返上の話は事務所に内緒にしておくわ」と私は約束しましたが、彼が役を獲得したのは入念な役づくりとはっきりした選択の賜物です。オーディションの1テイク目の演技は完璧ではありませんでしたので、他の選択肢をいろいろと試してもらいました。彼は役にぴったりでした。

俳優が役に合わないように見える場合でも、違う演じ方を試してもらうことがよくあります。演出への対応力や柔軟性を見るためです。オーディションでは待っている間に身体が固くなってしまいがち。1テイク目は演技も固くなるかもしれません。スポーツ選手にウォーミングアップの機会が与えられるように、俳優にも肩慣らしのチャンスを得て頂きたくて、いろいろな演じ方を試みてもらっています。ただし、パイロット・シーズンはその余裕がありません。ドラマの新番組の試作品とも呼べるパイロット版のオーディションで、キャスティング事務所は大忙しになります。通常、この繁忙期は毎年一月から三月頃でしたが、最近では年じゅうパイロット版が制作されており、忙しい時期が増えました。演技をいろいろ試す時期がとれなくても、どうか「演技を一回しただけで終わってしまった。私は気に入られなかったのだ」と思わないで下さい。

オーディションルームの環境や雰囲気は千差万別ですが、共通点が一つあります。それは、台本が描く架空の世界にリアリティをもたらすための場だということ。それ以外は本当にさまざまですから、固定概念にとらわれず、流れに従って下さい。部屋がどのようであろうと、練習を積み重ねてきた演技をしっかり披露して頂きたいと思います。

ポイント

スポーツ選手にはウォーミングアップの機会が与えられる。俳優も同じです

8 順番を待つ間から役の人物になっておくべきでしょうか？

待機時間も役の人物として過ごすかどうかに明確なルールがあるとは思いません。シンプルなシーンを演じるオーディションならあなた自身でいればよいでしょう。**オーディションルーム**に入ったら普通に挨拶をし、ひと呼吸おいて演技をすればOKです。シーンの難易度が高い場合や強い感情が求められる場合は、待機時間中も役の人物として過ごしたい人が多いと思います。オーディションルームに入ったら、まずキャスティング・ディレクターに「すぐに演技を始めてよろしいでしょうか」と尋ねてみて下さい。たいていは許可してもらえるはずです。すでにあなたが役の人物になっているのに気づいて、先に何かを提案してくれるかもしれません。

テレビドラマシリーズ『ブレイキング・バッド』で凶悪なギャングのリーダー役を演じているマイケル・ボーウェンがそうでした。オーディションを待つ間にうろうろと歩き回る彼を見て、私は「もう役になっているんだわ」と気づきました。マイケルは私が初めてキャスティングをさせてもらった俳優ですから、二十五年来の知り合いです。それでも私は彼に話しかけず、挨拶もしませんでした。オーディションの前からギャングとして存在していたいという彼の意図をくみ、部屋に招き入れると自然に、そのまま彼のシーンを撮影させてもらいました。一人ひとりの俳優に個性があり、違いがあります。私はそれを尊重したいと常に思っています。

「素の自分でいるのか、役の人物でいるのかをキャスティング・ディレクターに知ってもらうのは大事ですか」とよくご質問を頂きます。素と役柄の両方が見えるオーディションは、よいオーディションです。結論を言えば役の人物が最も大事ですが、俳優としての素のあなたも重要です。ふるまい方はどうか、挨拶する時に自信はあるか。俳優としての素のあり方を見れば、現場での仕事ぶりもある程度は予測できます。素でいる時にひどく緊張していたり、気が散っていたり、失礼な態度をとっていたりする人は、俳優としてどうでしょう。アカデミー賞候補になった脚本家ビリー・レイの言葉を借りれば「俳優がわがままでもいいんだよ。それが作品に役立つならね」。私も、そのような人をキャストとして推薦するのをためらうようになるでしょう。

過去二十五年間、私は毎回オーディションで目についたことを書き留めています。失礼な俳優がいたら、以後のオーディションには呼ばないようにするかもしれません。でも、最終的にあなたが誰にも勝る演技をし、役柄にぴったり合えば、あなたが役を獲得します。

ポイント

素のあなたと、役としてのあなた。
よいオーディションでは両方見えるが、
役としてどうかが最も重要です

9 私に外国語訛り（オーストラリア、ドイツ等々）がある場合、それを隠してアメリカ人としてアメリカ英語を話すべきですか？

アメリカ国内での英語の扱いについては徐々に状況が変化しています。アメリカ人の役なら、最初からアメリカ英語でオーディションに臨むことをお勧めします。そうすればキャスティング・ディレクターやプロデューサー、監督は言葉の面を心配せずに、あなたの演技を集中して見ることができます。彼らをオーディションで納得させることができれば、一般の観客や視聴者に対する説得力も認められたことになります。オーディション後に雑談をするまでお国訛りがあることを気づかせない俳優もいます。訛りを完全に消す能力や優れた音感があるということですから、すごいなと感心します。最後の最後までアメリカ英語しか話さず、外国出身だと気づかせない俳優もいます。ただし、経験豊富なキャスティング・ディレクターとプロデューサーなら、後で経歴書を見て気づきます。

言葉についても決まったルールはありません。最終的には才能があり、役に合う俳優が選ばれます。イギリス英語でしゃべっていた俳優が「用意、スタート」の声がかかった瞬間、完璧なアメリカ英語でセリフを言い始めるのを見たことがあります。印象に残りますし、それでよいのですが、やはりオーディションではアメリカ英語を話し、自然な流れで演技に入ることをお勧めします。

ポイント

キャスティング・ディレクターと
プロデューサー、監督を納得させられれば
視聴者に対する説得力もあるということです

10 役に訛りがある設定の場合、その訛りで演技をすべきですか？

はい、役の設定に沿った訛りで演技して下さい。それが可能な俳優でなければキャスティングの対象になりません。オーディションの時は完璧でなくてかまいませんが、実質上、ほぼ完璧に近いクオリティが求められます。撮影まで日にちがあれば、出演料の収入をレッスン代に回せます。訛りの個人指導をする**ダイアレクト・コーチ**を自分で雇い、発音を完璧な状態に磨いて本番に臨めます。

私は訛りを大きな要素ととらえています。それだけで配役を決めはしませんが、重要視するのには理由があります。たとえば、私たちがキャスティングを請け負ったテレビドラマ『ザ・ユニット 米軍極秘部隊』は世界のさまざまな地域が舞台となって展開します。いろいろな外国語や地方特有の訛りやアクセントがある役を募集しました。アメリカ人の俳優を外国人役に起用した時もありますが、配役決定の二日後には、もう撮影。俳優はたった四十八時間で訛りをマスターして現場に入らなくてはなりません。こうした厳しい例では、やはりオーディション時に訛りが得意な人が役を獲得します。

ポイント

訛りがある役のオーディションでは、やはりその訛りで話せる俳優が有利です

11 演技は座ってするのか、立ってするのか、どちらがいいでしょうか？

立つか座るかは場合によって違います。オーディションルームにある椅子を使いたければ、もちろん座ってかまいません。立つことが脚本で指定されているなら、立って演じることをキャスティング・ディレクターに伝えましょう。それに応じてカメラ・オペレーターが三脚の高さを調整しますから、少し待ち時間が発生します。演技の経験が浅い人は椅子に座って演じる方がやりやすいでしょう。立って演じると、どう動いていいかがわからず戸惑うかもしれません。新人の俳優が緊張すると身体の動きがぎこちなくなるので、見てわかります。私は通常、俳優のウエストか胸から上の映像を撮りますから、プロデューサーにはその俳優が立っているか座っているかはわかりません。座った方がリラックスできるなら、そうして下さい。逆に、座ると落ち着き過ぎてしまう場合は立って演じましょう。

一つのオーディションにつき、座って演じる俳優は75パーセント程度だと思いますが、あくまでもあなた自身の選択をすべきです。シーンの内容によっても、立つか座るかは異なるでしょう。迷ったら、役の人物ならそのシーンでどうするかを想像してどちらにするか選んで下さい。オーディションでのカメラのフレームを想像して決めてもいいでしょう。立って演じる場合、椅子をあたかも小道具のように扱い、手で触れてもかまいません。椅子の上に台本を置く理由を作って演技に組み込めば、両手が自由になります。

シーン全体を立って演じるつもりなのに、オーディションルームのカメラが低い位置にセットされている場合、カメラ・オペレーターに高さを調節してもらいましょう。その際は命令口調のようなニュアンスにならないように気をつけて下さい。自分で映像を撮影して送る場合は、相手役のセリフを読み上げるリーダー役の目の高さに合わせてカメラを置けば、あなたの表情がうまくフレームに収まります。

ポイント

座って演じる方がリラックスできるなら座る。
逆に、座ると落ち着き過ぎるなら立つ

12 キャスティング・ディレクターに質問をしてもいいですか？

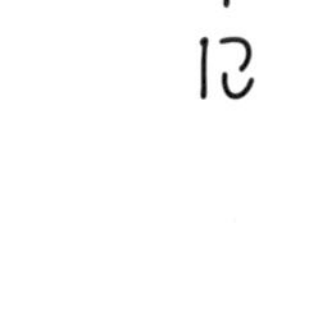

オーディションルームでの質問は、どうしても尋ねたいことがある時だけにして下さい。どこかで誰かが「質問をして会話のきっかけにするとよい」と言うのを聞いて、そのとおりにしようとする人が目立ちますが、無理にそうする必要はありません。キャスティング・ディレクターに質問をする前に、次の事柄をチェックして下さい。

・自分がしっかり準備をすれば答えがわかるものか？
・タレントエージェントやマネージャーに聞けばわかるものか？「二次審査に呼ばれるとしたらいつ頃か」「撮影日はいつか」といった質問がそれに当たる。
・受付のアシスタントに尋ねればわかるものか？
・答えは台本の中に書かれていないか？

これらのいずれにも該当しない場合は、もちろんキャスティング・ディレクターに尋ねてかまいません。前にも述べたように「知識は力なり」です。質問すると決めたら「質問していいですか？」と許可をとる必要はありません。はっきりと質問を口に出し、しっかりと答えを受け取りましょう。あなたが準備で作り上げたことが覆されて、演技を大幅に変えることになったとしても、キャスティング・ディレクターからの回答を建設的に取り入れるようにして下さい。

質問して答えを得たら、それを取り入れるのがあなたの仕事です。たいして演技が変わらなければ、答えをちゃんと聞いていない証拠です。キャスティング・ディレクターはそれを見抜きます。「本番でも人の話を聞かないに違いない」とみなされてしまいます。

ポイント

質問の答えを聞いたら、必ず演技に反映して下さい

13 複数のシーンがある場合、次に移るまでの間はどのぐらい空けるものですか？

これはオーディションルームで尋ねるのにふさわしい質問です。「シーンの間を少し空けますか？　それとも、ずっとカメラを回しっぱなしにしますか？」というふうに確認するといいでしょう。これはあなたにとって大切なことです。私がカメラを回しっぱなしにする場合、一つのシーンが終わったら無言でひと呼吸おき、続けて次のシーンを演じて下さればOKです。カメラの前からいったん離れたり、背中を向けたりする必要はありません。早く次のシーンに移るほどベターです。

複数のシーンを演じるオーディションは少なくありません。役の人物が物語の最初と最後で大きく異なる側面を見せる場合があるからです。これは「キャラクターアーク」と呼ばれ、物語をとおして人物が大きく変化することを指します。俳優がキャラクターアークを理解し、それに合わせた幅広い演技ができるかをプロデューサーは見

ています。私はシーンの間でカットして間を空ける方が好きです。次のシーンに移る際、「用意（Stand by）」と言ってから録画ボタンを押し、「カメラが回りました（Rolling）」と声をかけ、演技を始めてもらいます。俳優にしっかり準備をしてきてほしいと私が言う理由はここにもあります。わずか三十秒程度の間を空けて、即座に次のアークの演技にギアチェンジするのはたやすいことではありません。俳優になるためには、そこが大変難しいところだと思います。一つの感情からまったく別の感情へとスムーズに変化する能力がプロには必要です。次のシーンに移る前に、静かに深呼吸するといいかもしれません。ただし、おおげさに息をしないよう気をつけて下さい。

「間を空けずに、すぐ次のシーンに移ってもいいですか？」と尋ねてくる俳優もたくさんいます。私としては歓迎ですが、お勧めはしません。たとえ一瞬の間でも、次のシーンで表現したいことに意識を集中する時間がとれるなら、そうする方がよいと思います。

ポイント

次のシーンに移る時は静かに深呼吸してみましょう。
ただし、おおげさにしないこと

14 私が演じる人物がシーンの途中から映像に登場する場合、オーディションルームではどのように動けばいいですか？

これもよい質問です。演技中にどこからどこへ動くかを**ブロッキング**と呼びますが、戸惑ったら遠慮なく尋ねて下さい。カメラのレンズの向きや椅子の位置を見れば、なんとなく見当がつくでしょう。レンズの真正面から小さく二、三歩離れるとフレームから出てしまう、というのを目安にして下さい。脇から歩いてきてレンズの前に立つ演技をする時は、その旨をオペレーターに伝えて下さい。また、演技の途中で立ち上がったり座ったりする時も、オペレーターがそれに合わせてカメラを動かす準備をしますから、事前に伝えておきましょう。カメラに映らない場所にいる時から演技を始める場合、セリフはあなたがカメラに映る位置まで来てから言い始めること。自分が

映っていないのにセリフを言うのはよくある失敗です。オーディションで与えられる時間は限られています。あなたがカメラの前にいる時間を余すところなく生かして頂きたいと思います。

シーンの途中で画面に登場する役なら、私はセリフが始まるまで定位置で待ってもらうようにしています。そうすれば登場するタイミングや立ち位置、動きに戸惑わなくて済みます。逆に、歩きながらセリフを言う難しいシーンもたくさんあります。映画『ソーシャル・ネットワーク』やテレビドラマ『ザ・ホワイトハウス』の脚本家アーロン・ソーキンのようなクリエイターの作品でもよく見られます。シーンの途中で椅子に座ったり、徐々に動きをつけたりするシーンでは、声や演技の勢いをうまく調整しなくてはなりません。本番での動きをリアルに追求する余裕はありませんから、オーディションはある意味で本番より難しいのです。照明もメイクもありませんし、あなたの演技をいきいきとさせるような相手役もいません。

次の言葉を覚えておいて下さい。「制限やプレッシャーの中で、できる限りシンプルな真実味のある演技を目指そう」。

ポイント

カメラに映らない場所からスタートする場合、
セリフはレンズの正面に来てから言って下さい

15 実際にできないト書きは無視してもいいですか？何か他の動きをすべきですか？

実際にはできないような動きがト書きにあれば無視して下さい。そのト書きはオーディションでは重要視されない部分です。ですから、「キスする」と書かれていても、唇を突き出したり、投げキッスをしたりする必要はありません。その代わり、役の人物が話していることに意識を向けておきましょう。短く間を空けてもOKです。また、キャスティング・ディレクターにキスをしないこと。あなたがそうした動きをしなくても、脚本家はそこがキスの場面だとわかってくれます。「キャスティング・ディレクターを相手にラブシーンをするのは難しいな」と思う人もいるでしょう。でも、それは言い訳に過ぎません。オーディションでは同性のスタッフを相手に男女のラブシーンを演じる場合もよくあります。これまで私も、どれだけ多くの女優の恋の相手役になったことでしょう。個人的なことは度外視し、台本のシーンに書かれていることを

するのが俳優の仕事です。雑念は捨てて、書かれていることと人物が求めていることに集中して下さい。

車を運転するシーンでは、ハンドルを回す動作はしなくてかまいません。運転している（または乗っている）ことを意識して、車の座席に座っているつもりでいればOKです。最も大切なのは視線の演技です。「車の中」と指定されたシーンでは人物の顔のクロースアップを撮影しますから、オーディションでもそのつもりで演技しましょう。あなたが運転手の役なら、相手役をじっと見ることができません。道路を見る視線を保ち、シーンにリアリティをもたせて下さい。あなたが助手席や後部座席に乗っている役なら、時折ウィンドウの外に視線を向けながら相手役を見る演技になるでしょう。

オーディションでは武器の扱いも難しいです。銃をはじめ、さまざまな武器が出てくるシーンは多く、また、重要な位置を占めます。でも、オーディションに銃やナイフを持ち込まないで下さい（実際に銃を持ってきた人がいました）。アクションがしやすいように、モデルガンを使っていいか尋ねる人もいますが、何も手に持たない方がいいでしょう。武器を握っていると仮定して、両手を組み合わせて演技して下さい。何か持った方がいいと演技の先生は勧めるでしょうが、オーディションの場に危険な小道具があると困ります。携帯電話を拳銃がわりに使おうとする人もいますが、私にとってはやはり、おかしく見えてしまいます。どうしても小道具の武器を手に持ちたい場合はキャスティング・ディレクターにそれが本物でないことを示して反応を伺って下さい。おだやかに認めてもらえそうなら使えばいいでしょう。少しでも難色を示されたら、すぐに「小道具は使わずに演じます」と柔軟に対応して下さい。空気を読んですぐ行動に移せば、よい評価につながります。

けんかのシーンやアクションシーンはさらに難しいので、オーディションではおおまかな動きをするだけでかまいません。格闘などを具体的に実演するのは、通常、**コールバック**を受けて次の審査に進んだ時です。監督や**スタント・コーディネーター**から要求されない限り、相手役がいると仮定して格闘の動きをする必要もありません。最近、私はある大作映画のオーディションを受ける俳優の演技指導をする機会がありました（私がキャスティングにかかわっていない作品です）。彼は若い王様役を受けることになっており、シーンの中で剣を地面に突き立て、相手の顔を平手打ちし、布を拾い上げて触るアクションがありました。彼がこれらの動きを手ぶりだけでおこなうと、映像ではばかばかしく見えました。オーディションで求められるのは動きの真似事のうまさではなく、王様らしいパワーと存在感、堂々とした態度です。平手打ちのように見える動きさえしておけば、あとはシーンを「支配」し、自らの権力に臆さずふるまえばよいのです。アクションは後で付け加えることができます。彼が二次審査で演技をすると、キャスティング・ディレクターに「今日はようやく、自然に王を演じてくれる人に会えた。他の人たちの演技はみなおおげさでね。来てくれてありがとう」と感謝されたそうです。王様役のオーディションは「なるべくして生まれた」気品や強さを見せる俳優をいかに探し出すかにかかっています。王様とは、ゆるぎない自信と権威の感覚に満ちているものだからです。

ポイント

その場の空気を読んで行動する人はよい印象を与えます

16 複数の登場人物がいるシーンで、オーディションルームにリーダー（相手役）が一人しかいない場合はどうすればいいですか？

あなたが演じる人物以外はみな、そのリーダーが演じるとみなすことをお勧めします。誰もいない空間に向かってセリフを言うより、その場であなたと対面している人に向けての方が、かけ合いがしやすいでしょう。目の前にあたかも相手役がいるかのようにして、一人でじょうずに演技ができる俳優もいますが、そう多くはありません。

オーディションではシーンをできる限りリアルに表現することが大事です。そのためには、相手役であるシーンパートナーと実際に向き合うのが最もやりやすいのです。シーンに複数の登場人物がいる場合、私は常に二人の人員を用意します（たいていはカメラ・オペレーターと私です）。その方がリアリティのある演技が引き出しやすいと私は思っています。私の事務所に来た俳優たちがみな驚き、感謝してくれるところを見ると、他の事務所のオーディションではこのようなやり方をしていないのでしょう。登場人物が六、七人に及ぶ時は私とカメラ・オペレーターがそれぞれ二役か三役を受け持ち、セリフを出します。

私たちも役を演じ分けられたらいいのですが、オーディションでのリーダーは俳優を本業とはしていません。どの人物も似たような読み方になったとしても、あなたは台本に従い、それぞれの人物に対してリアクションを変えて演じて下さい。私が自分の母と話す時と、娘や義理の妹と話す時とで態度や言葉づかいが変わるように、相手との関係によって動きや表情、声のトーンや話し方などのニュアンスの変化が演技に反映されているかを監督や**プロデューサー**は見ています。**オーディションルーム**にリーダーが二人いるなら、両方を相手役に見立てて演技して下さい。迷った場合は、誰がどの役を読むかを確認してから演技を始めましょう。途中で混乱したら、練習で作り上げた演技プランを気にせず、あなたに話しかけている人に向かってセリフを返しましょう。その場に即して演技をすることの難しさはそこにあります。

ポイント

相手に応じて表情や声がどう変わるかを、
プロデューサーと監督は見ています。
リーダーが二人いる時は両方に役を割り振り、
相手役として使いましょう

17 表現を抑えすぎるより、少し大きめに演じておいて、キャスティング・ディレクターの指示を仰ぐほうがよいですか？

「大きく演じ、後で抑えればよい」とよく言いますが、私はそうは思いません。第一に、**オーディションルーム**の広さに合わせた演技が望ましいです。ほとんどのオーディションは小さな部屋でおこなわれます。第二に、映像向けの演技を意識すること。広い部屋に六人ほどの**プロデューサー**が座っていても、彼らを観客として意識するのではなく、カメラを意識した演技をして下さい。

通常、オーディションではミディアム・クロースアップ（胸から上）を撮影します。自宅で練習する時も、胸から上を撮影されているのを想定することが大事です。経験豊富な俳優にもありがちな失敗の95パーセントは、映像向けのオーディションで派手な演技をしてしまうこと。表情や感情などの表現をやり過ぎてしまうことです。そうした俳優に遭遇したら、私は「演技をもう少し抑えて」と言わなくてはなりません。
演技をやり直せる場合もありますが、その時間が取れない時は最初の演技で評価されてしまいます。監督とプロデューサーに「この俳優は演技を派手にしたがる」という印象を持たれてしまう恐れもあります。クロースアップでは、すべてが大きく映ることを意識しなくてはなりません。静かでかすかな動きをするだけでも、見る者の心を強くとらえます。無言で考え、耳を傾け、周囲のものに深く意識を向けるだけでじゅうぶんです。そこまで力を抜いて演じても、演技がパワー不足になるとは思いません。普通の抑揚でセリフを言うと、逆にはっきりと聞こえやすくなることもしばしばです。

ポイント

クロースアップではすべてが大きく画面に映る。
それを意識した動きが必要です

18

映画やテレビのオーディションでは直球的な選択か、独創的で意外性のある選択か、どちらで演じるのがお勧めですか？

人物を演じる俳優はみな、何かを選択して演技に取り入れます。あなたが演じる人物が鮮やかに記憶に残り、リアルに見えるような選択をして下さい。私はいつも「テキストを重視して」とアドバイスしています。それを忘れずにいれば、正しい選択ができるでしょう。「ただ単に面白そうだと思ったから」という理由で選択しないこと。面白さより、役の人物とシチュエーションに役立つかどうかを考えて頂きたいと思います。最終的に、あなたが選んだものには、人を納得させるリアリティがなくてはなりません。

また、演技の選択肢にはかすかな濃淡やニュアンス面での彩りも必要です。演技にリアリティをもたらし、映像にもそれが表れ、観客や視聴者にも伝わるのはそうした彩りです。ちらりと見上げる目線やほほえみ、笑いなどのかすかな表情や間の取り方があなたを際立たせ、キャスティングの決め手になります。私はそれを俳優の「シグネチャー（その人を表す特徴）」と呼んでいます。台本を読み込んで練習したら、演技にあなたのシグネチャーが表れているか考えてみて下さい。コーチの演技指導などを得ておこなった役づくりが、あなたの中に土台としてあるはずです。その土台と、オーディションの場で感じるリアルな感情との間には、わずかな差があります。そのリアルな感情を封じ込めずに解放すれば、演技はとてもパワフルになります。たった五行の短いテキストでも、あなたらしい選択をして演じることは可能です。「抑えた表現の方が、より多くが伝わるなら、いっそ何もしない方がいい」とよく言われますが、それは違うと思います。

　オーディションが競争であるという観点で言えば、テキストに従って明確な選択をして演じれば、あなたは人の記憶に残ります。他の二十五人の俳優たちがみな凡庸な演技をする中で、あなたの声がふと明るく響いたり、ふいに笑みが浮かんだり、演技が際立つ瞬間があったりすれば、役を獲得する決め手になるかもしれません。

大きな選択をする必要はありません。少なくとも三つ、正直でリアリティのある瞬間を設ければじゅうぶんだと言えるでしょう。

ポイント

テキストに従い、特徴的な選択をして演じれば、見る人の記憶に残ります

19 アドリブはどの程度、許容されますか？

アドリブOKのコメディや、それがスタイルの一部だとはっきりわかる番組やクリエイターの作品でない限り、アドリブはしないで下さい。練習中は思う存分アドリブや即興をしてかまいませんし、練習方法として効果的だと思います。思いつくままにしゃべり、動いてみればテキストの掘り下げができ、演技へのアプローチが自然にできます。台本に書かれたセリフになじむこともできるでしょう。でも、**オーディションルーム**では基本的に、アドリブをしないようお勧めします。

アメリカのケーブルテレビで放映されるドラマはNGワードなどの言葉の表現に寛容です。そのためか、大手ネットワークのドラマではNGとされる「ファック」などの口語表現を、オーディションでアドリブ的に言う俳優を見かけます。そのアドリブによって演技がさらによくなるケースはほとんどありません。たとえリアルに生まれた表現であったとしても、台本に書かれていない言葉を本番で口にするのは許可されません。オーディションで口をついて出てしまった場合はしかたありません（あくまでも、口をついて出てしまった場合だけです）。しかし、本番では、台本に書かれたとおりにセリフを言うよう求められます。

脚本の出来があまりよくない場合、俳優が無意識的にアドリブをすることもあります。書かれていることと人物像との辻褄を合わせようとして、自然にそうなるのでしょう。私も台本を見て「もっとうまい表現があるはずなのに」とため息をつく時がありますが、それでもテキストに従い、内容をさらによくするのが俳優の仕事です。書き直して違う話に変えてしまうのではなく、ニュアンスやトーンを工夫して、うまく見えるようにして下さい。俳優にとってフェアではありませんが、そうするしかありません。台本を読んだ私の予想に反して、オーディションに来た俳優が見事な演技で表現してくれるのを見て驚くこともよくあります。

オーディションで俳優が言い回しを少し変えてしまった時、脚本家や**プロデューサー**がそれを抜け目なく取り入れてセリフを書き直すこともあります。しかし、言葉を書く能力に長けているのはやはり脚本家です。どんな言い回しが効果的かを自分の耳で確かめ、自分で書き直しをします。優れた脚本家が紡ぐ言葉を信じましょう。ヴィンス・ギリガン、デヴィッド・マメット、アーロン・ソーキン、フランク・ダラボン、グレン・マザラ、フィリップ・マイヤー、ビリー・レイ、ピーター・グールド、ショーン・ライアンといった人々は卓越したストーリーテラーです。どう言い回しを変えれば効果的か、俳優よりもよく知っています。だから彼らは脚本家として成功しているのです。

私の経験上、言えることですが、コメディで言い回しを変えるとジョークが成立しなくなります。シェイクスピア作品のように完璧に韻を踏んだりリズムが構築されたりしているわけではありませんが、優れたコメディの脚本は笑いを生むよう、こまかいところまで意図して書かれています。特に句読点はタイミングを左右する大事なポイントです。その逆に、アドリブの能力とセンスが要求される作品もたくさんあります。オーディションを受ける前に、その作品がどちらのタイプかを知っておくべきです。

アドリブが必要なオーディションの実例を二つ挙げましょう。一つはダニー・マクブライド企画・出演によるＨＢＯの学園コメディシリーズ『バイス・プリンシパルズ』、もう一つはビル・ヘイダー企画のテレビドラマのパイロット版です。ダニーもビルもアドリブの名人ですから、オーディションでも俳優のアドリブが見たいと言いました。このような場合、私はアシスタントの中でもアドリブがうまいアリッサ・モリスに俳優の相手役を任せます。

こうしたコメディのオーディションでは、その場ですばやく臨機応変に、恐れずに「プレイ」する度胸が求められます。**コールバック**で二次審査に呼ばれ、番組のスターを相手に演技する時などは特にそうです。これは「楽しい」時間であるべき。台本を踏み台にして、底抜けに明るく楽しんだ俳優が役を獲得することが多いです。

アドリブを必要としないドラマやコメディのオーディションでは、脚本家が書いたセリフを信じましょう。「もっとうまい言い回しに書き直したい」と思ったら、俳優をやめて脚本家に転向しましょう。テレビや映画業界では脚本家は多額の収入を得ています。

自分が言いやすいようにセリフを変える俳優よりも、書かれたとおりにスムーズにセリフを話す俳優の方が役を獲得する可能性が高いです。オーディションでセリフを言い換えてしまって、監督やキャスティング・ディレクターに「もう一度、台本のとおりのセリフで演じて」と言われたら、必ずそのとおりにして下さい。五分程度の限られた時間の中で、私たちは俳優が演出指示をもらった際に、とっさにどう反応するかを見ています。2テイク目を演じるチャンスがもらえたら、「台本に書かれたとおりのセリフで」と指示されなくても台本どおり、正確にセリフを言うことをお勧めします。1テイク目でアドリブをまじえたセリフの演技をしたなら、次のテイクでは台本どおりに正確に言える能力を発揮して下さい。

あなたがセリフをひとこと間違えたとしても、それが単純に言い間違いなら、ほとんどの監督と脚本家は気にしません。「デヴィッド・マメットは台本どおりにセリフを言わせる作家だ」とよく噂されますが、オーディション段階での彼はそれほど厳しくありません。俳優のプロセスを理解しているからです。でも、いざセットに入って本番となれば、台本に書かれたセリフを正確に言えなくてはなりません。それでもセリフを変えたくなったら、彼のように劇作家としてピューリッツアー賞を受賞してからにすべきでしょう。

ポイント

台本を書き換えようとしないこと。
ニュアンスや彩りを加えて改善するのが俳優の仕事です

20

演技を失敗したら最初からやり直せますか？　シーンの最後のあたりで失敗した場合はどうでしょうか？　2テイク目のやり直しはできますか？

基本的に、どんな失敗をしても演じ続けることをお勧めします。出だしで演技がぐちゃぐちゃになったり、大失敗をして続けられなくなったりした場合は最初からやり直してよいでしょう。でも、考えてみて下さい。あなたは自分で思うほど大失敗をしたわけではないかもしれません。やり直すとよけいに緊張してしまい、また同じミスをするかもしれません。キャスティング・ディレクターはあなたが失敗を気にせず役を生き続けるのを期待してくれているかもしれません。その気持ちを台無しにする可能性もあるのです。

誰にでも失敗はあります。必要なら再度やり直しましょう。しかし、オーディションでの失敗が実は最も素敵でリアルな瞬間である場合も多いのです。俳優は自覚していないでしょうが、間違いは意外な儲けものかもしれません。ミスに気づいてはっとした瞬間も、そのまま演技に取り入れて続けてみて下さい。それがオーディションの中で最もリアリティとオリジナリティがある瞬間になるかもしれません。

長いシーンの最後のあたりでミスをしたら、中断せずに最後まで演じ切って下さい。初めに戻ってやり直すのは困難です。たくさんの俳優が順番待ちをしている場合は特に、キャスティング・ディレクターは時間に追われています。撮影現場も時間との戦いですから、監督と**プロデューサー**が抱えるプレッシャーも同じこと。あなたが演技を止めずに演じ切れば、本番でも同じようにするだろうと思って私たちは安心します。長いシーンを完璧に演じる必要はありません。ミスした部分は編集でカットし、残りの部分を使ってストーリーをつなぐことができます。失敗してもそのまま演じ続けるということは、あなたが映像制作の仕組みを理解していることの証明になります。

二度目のテイクをやり直しするのは控えましょう。キャスティング・ディレクターとしては、失敗してもそのまま演技を続けて頂けると助かりますし、あなたが**オーディションルーム**ですべてを生かし、その場に即して演じているとみなします。あなたが役柄にぴったりなら、黙っていてもキャスティング・ディレクターが撮り直しのチャンスをくれるはずです。あなたから頼む必要はありません。優れた俳優の演技をたくさん集めるのがキャスティング・ディレクターの使命です。

キャスティング・ディレクターはあなたを落としたくないのです。あなたがオーディションルームに入ってきた瞬間、監督もプロデューサーも、あなたがすべてをうまくやり遂げてくれる「その人」であってほしいと願っています。よい演技の途中で取り返しがつかない失敗が起きてしまった場合、私はやり直しをお願いする可能性が高いです。その反面、しょっちゅう撮り直しを頼む俳優や、2テイク目を撮ってもらいたくてわざと失敗する俳優も見かけます。そうした残念なことをする俳優を覚えておくのも私の仕事。次回の作品のオーディションに呼ぶ可能性は低くなるでしょう。

ポイント

**ちょっとした失敗は意外な贈り物。
一瞬のミスを生かして演技を続けましょう**

21 誰がオーディションを見に来るか、あらかじめ知ることはできますか？

通常はあなたの**タレントエージェント**が教えてくれるでしょう。オーディションの予約を入れる時、エージェントや**マネージャー**は誰が来場するかを尋ねます。そうした代理人がいない場合は自分でキャスティング事務所に連絡もできますが、お勧めしません。事務所の中は電話が鳴りっぱなしになるほど忙しく、アシスタントも対応に追われています。結局のところ、あなたにとって、誰がオーディションを見に来るかはどうでもいいはずです。

オーディションルームにいる人たちの中で誰が一番重要なポジションにいるかを知りたがる俳優もいます。その人を意識したいと思うからでしょうが、あなたの意識はオーディションの題材に向けられているべきです。誰が演技を見に来るかはまったく関係ありません。**ショーランナー**と呼ばれる**プロデューサー**はスケジュールや予算の面など、仕事を山ほど抱えています。時間の都合で、オーディションの途中で帰らなくてはならない時は、後に残る人たちに「もしも、この後で入ってくる俳優がベストだと思ったら、オーディションの映像ファイルをメールするかリンクを送ってほしい」と言い残します。彼らはお互いを信頼し、任せ合って仕事を進めているのです。あなたの順番が来る前にエグゼクティブ・プロデューサーが帰ってしまっても、見込みがなくなったわけではありません。これまで私たちがキャスティングした作品と俳優たちを見れば、オーディションルームにキャスティング・ディレクターしかいなくても非常に大きな役を得た実例がたくさんあるのがわかるでしょう。

その人が見に来ると聞くだけで俳優が緊張するほどの脚本家もたくさんいます。ニール・サイモンやアーロン・ソーキン作品のオーディションでは百戦錬磨の俳優たちでさえ足が震えているのを見たことがあります。デヴィッド・マメットが見に来る時も、あまりに俳優たちが緊張するので「あなたを俳優に紹介しない方がいいかしら?」と尋ねたこともあります。私でさえ、彼と初めて会った時はとてもアガってしまったのですから！　あなたもそうした作家の前で緊張してしまったら、その人を意識しないようにしましょう。そして、あなたを安心させてくれる、尊敬できる人の前でオーディションをするのだと思い直しましょう。

オーディションルームに入ったら、その場の流れに身を任せること。「役を決めるのは誰かな」などと考えてはいけません。時間が押してしまって制作陣が全員引き上げ、その後に順番が来て演じた俳優が役を射止めたケースもあります。その日のオーディションの最後の俳優が役に最もふさわしいと私が思ったら、プロデューサー全員にメールで連絡して映像を送り、その俳優に役が決定する場合もあります。オーディションを誰が見に来るかを知っておくといい理由があるとすれば、親しく話しかけられた時に、誰がどういう意味で話しているかを理解するためです。あなたが過去に出演した舞台や映画について尋ねる人がいれば、その人はおそらく、その作品の脚本家かプロデューサーだと見当がつくでしょう。

俳優を目指すなら「ハリウッド・レポーター」や「バラエティ」、「デッドライン」といった業界誌を読んで勉強しておくのもお勧めです。また、「バックステージ」には俳優を公募するオープンコールの情報がたくさん掲載されています。

ポイント

誰がオーディションを見に来るかは気にしない。
題材に意識を集中させましょう

22

オーディションルームにキャスティング・アソシエイトしかいない場合は手抜きをされているのでしょうか？ あるいは、監督やプロデューサーが見に来ず、キャスティング・ディレクターだけがいる場合はどうでしょうか？

オーディションルームに必要なスキルとは無関係の質問ですが、取り上げておきましょう。答えは断固として「いいえ」です。**キャスティング・アソシエイト**と呼ばれるスタッフしか**オーディションルーム**にいないのにはいろいろな事情がありますが、そのオーディションがテレビドラマであれ映画であれ、そのアソシエイトが全責任を負っている時もあります。あなたが芸歴の長い俳優で、オーディションを受けに来て新米のスタッフに応対されたら釈然としないかもしれません。そうだとしても、誰が対応する

かはあなた自身とは無関係です。オーディションで最善を尽くすことに集中して下さい。記憶に残る演技をしてその役を獲得するか、また別の機会に別の役でオーディションに呼ばれることを目指して下さい。

米国キャスティング協会（CSA：Casting Society of America）のメンバーであるアソシエイトはいずれ経験を重ねてプロになる、次世代のキャスティング・ディレクターです。オーディションで彼ら、彼女らと顔を合わせることは、俳優であるあなたにとっても将来の可能性を開くチャンスです。俳優人生が短命で終わるよりは、できるだけ長い方がいいでしょう。キャスティング事務所は長い年月をかけてアソシエイトを育成することも多いです。いずれはキャスティング・ディレクターとして独り立ちさせるため、何度かキャスティングをアソシエイトに一任します。ですから、「なんだ、アソシエイトか」と見下さず、大物に接するのと同じ態度で臨んで下さい。スティーヴン・スピルバーグ監督や『ウォーキング・デッド』脚本のスコット・ギンプルの前でオーディションをするのと変わらない態度で臨んで頂きたいと思います。

キャスティング・ディレクターはいくつもの責任を負います。俳優との契約についてタレントエージェントと電話で交渉したり、プロデューサーを説得したりする時もあります。スタジオやネットワークの幹部とやりとりする機会はさらに多いです。業務は非常に忙しく、オーディションをアソシエイトに託さなければスケジュールをこなせない時もあります。私は事務所にいるもう一人のキャスティング・ディレクター、ゴーハー・ガザジャンと、アソシエイトのステーシア・キムラー、ラッセル・スコット（現在はキャスティング・ディレクター）に全幅の信頼をおいています。オーディションルームで彼らと会えた俳優はラッキーだと私は思います。アソシエイトが具体的な指示を出して、よい演技を引き出したおかげで役を得た俳優はたくさんいます。

また、オーディションルームに監督やプロデューサーが来ておらず、キャスティング・ディレクターしかいない時も「自尊心を傷つけられた」などとは思わないで下さい。それこそエネルギーの無駄遣いです。監督やプロデューサーが来場しないのは、彼らが遠くのロケ地で撮影を進めているからです。テレビドラマシリーズ『ウォーキング・デッド』や『ベター・コール・ソウル』、『ホルト・アンド・キャッチ・ファイア制御不能な夢と野心』、『GOTHAM/ゴッサム』などがそうで、近日放映予定のエピソードの撮影をロケ地で進める一方、将来撮影予定のエピソードのゲスト出演者をロサンゼルスでオーディションしています。ロサンゼルス以外の都市にいる俳優は自分で映像を撮影し、データを送ってオーディションに参加します。放映開始前の新番組も同じ様にして動いています。このような場合、監督は撮影現場にいるため、オーディションを見に来る時間が取れません。プロデューサーは脚本会議か撮影現場、または編集ルームにいます。キャスティング・ディレクターだけが立ち会うオーディションに快く来場し、ビデオ撮影に全力を尽くして大役を獲得した俳優たちの一例を、感謝とともにご紹介しておきましょう。

ジャンカルロ・エスポジート（『ブレイキング・バッド』ガス役）
ジョナサン・バンクス（『ブレイキング・バッド』マイク役）
ケリー・ビシェ（『ホルト・アンド・キャッチ・ファイア　制御不能な夢と野心』ドナ役）
マッケンジー・デイヴィス（『ホルト・アンド・キャッチ・ファイア　制御不能な夢と野心』キャメロン役）
レイ・シーホーン（『ベター・コール・ソウル』キム役）
ロス・マーカンド（『ウォーキング・デッド』アーロン役）

プロデューサーたちがいないとプレッシャーがないため、逆にのびのびと演技ができていいと言う俳優もいます。キャスティング担当の私たちも同じで、多忙な監督やプロデューサーに気をつかう必要がないと、時間をゆったり使う時もあります。「演技はパワフルだけど選択や方向性がこちらの求めているものと違う」と感じたら、その俳優の最善の演技が引き出せるまで撮影をし直します。オーディションルームに脚本家やプロデューサーがつめかけている時は、そんな時間の使い方はできません。コップに半分の水がある時、「なんだ、半分は空っぽだ」と嘆くか「よし、半分はいっぱいだ」と喜ぶか。後者を選べば俳優としてのやりがいも長続きするでしょう。

ポイント

ポジティブな思考は
俳優のキャリアを充実させ、長続きさせます

23 オーディションを受ける役のものではない台本を与えられた場合、どんな役づくりをすべきでしょうか？

これは新しい現象で、いろいろな番組のオーディションに見られる傾向です。一つの理由は『ウォーキング・デッド』や『GOTHAM/ゴッサム』など、長期にわたって放映中の人気ドラマの情報漏れを防ぐ対策です。もう一つ理由があるとすれば、オーディションの時点でまだ脚本がワンシーン程度しか書かれていないため。ショーランナーから「将来的には大きな役になる予定だが、とりあえず現時点で脚本に登場済みの人物の台本を代用してオーディションをしてほしい」と依頼されたためです。俳優は台本を読み、セリフを手がかりに役づくりをする訓練をされていますから、自分がオーディションを受けるであろう役が登場しない台本を見て戸惑います。

私からのアドバイスは、指定された役の人物設定に合わせた選択をして演じることです。あなたがオーディション用にもらった台本の登場人物はすでにキャスティングされています。あなたに求められているのはその人物とそっくりのキャラクターを演じることではなく、正反対のトーンや感情、身体面の特徴をもつ人物になることです。あなたが演じるべき役柄を思い浮かべたら、もらった台本の人物像を手がかりにして役づくりを調整して下さい。

ポイント

指定された役柄をよく研究し、
その特徴に合う選択肢に変えましょう

24 映画やテレビ以外の新しいメディアやウェブシリーズではオーディションの流れは異なりますか？　コンテンツを自主制作し配信することを勧めますか？

近年、視聴者にも俳優にも手が届くメディアが増えました。なんといい時代になったことでしょう。インターネットで多くの俳優が自主制作のコンテンツを公開しています。連続ドラマのような作品はウェブ上で閲覧できるエピソードという意味合いで「ウェビソード」と呼ばれています。ホームビデオのような動画もあります。

あなたも映画やドラマを作ってみてはいかがでしょう。ウェビソードの中にはプロが企画・制作を手がけた人気作品もあり、出演者オーディションも活発におこなわれています。面白いことに、こうしたオーディションにも映像向けのオーディションと同じ原則が当てはまります。

このような時代ですから、俳優としてエンターテインメント業界を目指す人にとっては、わくわくするようなチャンスがいっぱいです。自主制作をするなら脚本をしっかり書き、撮影はできるだけシンプルに。旬を過ぎればすたれるようなものでなく、最低一年間は通用するような内容にしましょう。大手タレント事務所ではネットサーフィンで新人をスカウトする担当を設けているところもたくさんあります。私の事務所でもウェビソードや動画の投稿を探すことがあります。個人的にはコメディや、プロが制作したウェブ動画に関心があります（「Funny Or Die」というサイトに上がっているヒット作『ビトゥイーン・トゥ・ファーンズ』のような路線です）。女優オリヴィア・ハミルトン企画・制作の『Facetiming with Mommy（未）』はFaceTimeで娘と母親が会話をする小規模のドラマシリーズですが、そうしたささやかなものも観ています。オリジナルのコンテンツを制作するなら、信頼できる人に企画や作品を見せ、客観的な意見をもらいましょう。夫や妻、兄弟やいとこなどの身内ではなく、建設的な批評をくれる人を選んで下さい。インターネットで公開すれば、不特定多数の人々が作品にアクセスします。後悔することのないようにしたいものです。

「ソーシャルメディアでの影響度やTwitterのフォロワー数が多いとキャスティング

で有利に働きますか？」という質問をよく頂きますが、それはありません。私たちは知名度や経験にかかわらず、その役にとって最善でエキサイティングな俳優を選びます。その姿勢はヴィンス・ギリガンから教わったものです。彼が手がけた『ブレイキング・バッド』がテレビドラマの常識を覆すほど大成功したのも、彼のリーダーシップのおかげでしょう。ヴィンスは「映画スターや有名人ではなく、本物の俳優を起用してほしい」と私たちを後押ししてくれました。「無名の人たち」に目を向けられたおかげで、ヴィンスの世界に溶け込むような俳優たちを集めることができ、視聴者を引き込むドラマができました。

ポイント

**多くの大手タレント事務所には
ネットサーフィンで新人をスカウトする担当者がいます**

25

自分でオーディション用の動画を撮影（セルフテーピング）してもいいですか？どういう時に、どのような方法で撮影すべきでしょうか？

この本の初版を書いた二〇一二年当時に比べると、俳優がみずから動画を撮影する率は十倍から二十倍に増えました。これは世界各国の俳優に見られる進歩。ニューヨークやロサンゼルス、ロンドン在住でなくてもテレビや映画や新しいメディアに出演する仕事が得られます。ただ、キャスティング・ディレクターから「送って下さい」と誘いを受けていなければ、無断で送付されてきたものとして扱われます。私の事務所は無断送付を受け付けておらず、**タレントエージェント**から送られてきたとしても破棄します。何千もの映像を見るのは大変ですし、見ようとすれば通常の業務がおろそかになってしまいます。

こちらから映像の提出をお願いする場合は違います。その俳優が世界のどこにいようとかまいません。休暇先まで追いかける場合もあります（それがどんなふうかは女優ローレン・コーハンがよく知っています。『ウォーキング・デッド』のマギー役を見つけるために、私は彼女を追いかけました）。提出用に演技の「自撮り」（**セルフテーピング**）をする時に覚えておきたいポイントを挙げておきます。

・背景に青いシートを吊る。濃いブルーが最もよいが、グレーなどの無地でもかまわない。旅先のホテルなどに宿泊中はそれが難しい場合もあるだろう。そうした時は、壁にかかっている絵や装飾などをすべて取り払い、何もない壁を背景にする。鏡や窓の近くは避けること。

・誰かにカメラ（またはスマートフォン）操作を依頼する際、レンズをあなたの目線と水平の高さで構えてもらう。下からあおったり、上から俯瞰したりしないこと。演技をする俳優の両目が画面にしっかり映るようにする。

・相手役のセリフは必ず誰かに読み上げてもらうこと。あなたが一人でセリフを暗唱するのはNG。キャスティングの可能性はなくなる。相手役のセリフを自分の声で録音し、それに合わせて演技をするのも不自然だから避けた方がよい。たとえへたな棒読みでも、誰かにセリフを出してもらうこと。

・カメラは三脚に乗せるのがベスト。相手役にはカメラの横から静かにセリフを言ってもらい、あなたの声が大きくはっきりと録音されるように配慮しよう。

・自宅なら照明が調整しやすい。手ごろな価格の照明機材をインターネット通販で探すのもお勧め。撮影用アンブレラが付属したセットを買って何度も練習すればうまく撮れるようになる。機材を買う余裕がなければ窓から入る自然光を使ってもよい。被写体であるあなたが窓に顔を向けて立つか、顔の左半分に光が当たるようにするだけでじゅうぶんだろう。さらに、真上からの照明でその空間全体をやわらかく照らしてもよい。

・ミディアム・クロースアップから始め、可能であれば、さらに顔にフォーカスを合わせた頭部のクロースアップへと寄りながら撮影する。

・目元を暗くするような帽子などを着用しないこと。

・映像の最初か最後に自分の名前をはっきりと発音しながら言う。それに続いて、あなたの全身が映るフルショットを撮影。誰かにカメラを上から下へとゆっくり動かしてもらい、あなたの頭からつま先までを映像に映しておく。

・映像データを送る前に、録音されたサウンドの音質を確認する。

・映像データを先方に送る時は、相手だけに閲覧可能な場所にアップロードしてリンク先を送る。YouTubeなどで公開しないこと。

・可能であれば、映像の最初と最後にあなたの名前と連絡先（エージェントかマネージャーの連絡先や携帯電話番号）を載せる。

・**複数のテイクを送ると喜ばれる。その場合、テイクごとにリンクを分けて送ること。そうすればキャスティング事務所にとって編集やアップロードがしやすい。アップロードされた映像は監督やプロデューサーが見る。**

「自分で映像を撮って送れるなら、キャスティング事務所でオーディションを受ける必要がなくなりませんか」と言う俳優もいますが、優れたキャスティング・ディレクターがいる場で演技をすれば、作品が求めるビジョンに導いてもらえます。また、キャスティング・ディレクターと顔を合わせて人間関係を築いていけば、将来必ず役に立ちます。「遠くからでも飛行機に乗って来い」とは言いません。監督やプロデューサーがオーディションを見に来ないのなら、俳優にとって割に合いませんから。私は『ウォーキング・デッド』のオーディションでチャド・コールマンにも「あなたはニューヨークにいるんだから、映像を撮って送ってくれればいいわ」と言いましたが、彼はロサンゼルスまで来てくれました。「行くべきだと感じたから」という彼の勘は当たっていたのでしょう。チャドはシーズン3から4にかけてメインキャストとなるタイリース役を獲得しました。このような実例はありますが、映像を自撮りしてデータを送る形でもオーディションは可能です。

ポイント

へたな読み手でも、相手役がいないよりは断然いい

26 腹立たしく感じることは何ですか？

俳優が準備をせずにオーディションに来ることが一番いやです。家で台本を読み、演技を練習してくるのは俳優の仕事の一部です。私の事務所では俳優の名前を書くサインアップシートの横に、脚本家ビリー・レイの「僕にはぶっつけ本番でいける才能はない。君は？」という言葉を載せています。

言い訳には耳を貸したくありません。もちろん例外はあります。一週間前に子どもが生まれ、ほとんど寝ずに仕事をしているような場合です。『ウォーキング・デッド』の主役リックを演じるアンドリュー・リンカーンがそうでした。オーディションの際、彼はセルフテープと呼ばれる自撮りの映像（**セルフテーピング**）を送ってくれました。それを見て、私と共同事業者のシェリー・トーマスは「役にぴったりね」と言い合いました。彼の才能は素晴らしく、人物に深い理解があるのもわかりました。彼を最善の形で推薦したくなりましたので、その映像を製作総指揮のフランク・ダラボンに見せて感想をもらい、彼に伝えて大急ぎで再撮影するよう頼みました。アンドリューはわずかな睡眠時間を削り、翌朝に撮り直してくれました。審査に間に合い、彼は主役の座を射止めました。

『ウォーキング・デッド』のメインキャストから、もう一人の例を挙げましょう。俳優ノーマン・リーダスは一次審査に来るなり「オーディションは本当に苦手です。これまで、普通にオーディションを受けて役を得たことはほとんどないんです」と私に言いました。その言葉は嘘ではなく、一次審査の演技は飛び抜けて素晴らしいものではありませんでした。でも、彼には特別な存在感がありました。彼の目を見れば、彼の人生のすべてが表れているように感じるのです。彼はオーディションに落選しましたが、何ヵ月も経ってから、とあるキャラクターが脚本に追加され、その役が彼にオファーされました。その後どうなったかはドラマをご覧の皆さんにはおわかりでしょう。クロスボウが得意のタフガイ、ダリル役で大活躍しています。

「全力が出せそうにない」と落ち込む時も人生にはあるものです。体調が悪くてよい演技ができそうにない時は、オーディションの日程変更を試みて下さい。それも無理ならキャンセルしましょう。

どんなに体調が悪くても、とにかくやる、という選択もあります。『ブレイキング・バッド』のパイロット版をキャスティングしていた時、アンナ・ガンはオーディションを二度欠席しました。タレントエージェントに連絡すると、彼女は病気だということでした。彼女の子どもたちも病気で、体調はさんざんだとのこと。私は舞台のキャスティングをしていた頃から彼女を知っていました。リーダーとして、シェイクスピアからモリエールまで何でもこなす実力派の女優が必要だった時、いつも手伝ってくれたのがアンナでした。私は彼女と直談判したくなりました。そのようなことをエージェントは好みませんから、日頃、私が俳優や女優の自宅に電話することはありません。でも、この時ばかりは思い切って直接電話をしたのです。

私は彼女に言いました。「ねえ、アンナ。このオーディションには来るべきよ。あなたにぴったりの役だから。台本を読んだ？」

「読んでないわ。体調が悪くて無理」

「読んでよ」と私はたたみかけました。「つべこべ言わずにエキナセア茶を飲みなさい。風邪を治して、とにかく来て。こんな題材はめったにない。今やらないで、どうするの」。彼女はオーディションに現れ、主役ウォルターの妻という大役を獲得しました。

もう一つ、私がいやだなと思うのは、俳優に二次審査や撮影の日程を質問されることです。日程の情報は必ず「ブレイクダウン」と呼ばれるオーディションの告知の書類に書かれているはずです。エージェントが俳優に送るメールにも書かれているでしょうし、俳優がブレイクダウンを見ることもできます。どうしてもわからなければ、キャスティング事務所の受付にいるアシスタントに尋ねて下さい。

ビジネスマナーについてもひとことお伝えしておきましょう。アシスタントに対して横柄な態度で接しないで頂きたいのです。名前を尋ね、親しみを込めて話しかけてあげて下さい。**キャスティング・アソシエイト**が電話応対中でない時は、笑顔で挨拶して頂くのもよいことです。彼らは近い将来キャスティングを担う人たちであり、キャスティング・ディレクターと並ぶ発言力を持ち始めています。私たちは業界で出会った人たちを忘れません。一九八六年制作の映画『ブルーベルベット』のキャスティングに私はアシスタントとして参加しましたが、当時やさしく接して下さった俳優さんたちのことは、いまだに覚えています。アソシエイトと呼ばれる人たちはオーディションの映像をパソコンに取り込み、ベストテイクを選ぶ補助をします。彼らを無視したりせず、存在を認めてあげましょう。彼らが電話の応対にてんてこ舞いしていたら、ほほえみかけてあげて下さい。そうすれば、あなたのことをずっと覚えていてくれるでしょう。

「二次オーディションはいつ頃ですか」と尋ねる人は、二次に進むのが当然と言わんばかりに見え、図々しい印象を与えかねません。初めてのデートで「次はいつ？」といきなり尋ねるようなもの。あなたに興味をもてば、相手から行動を起こしてくれるはずです。監督とプロデューサーにとって、あなたと仕事をしたいかを見る機会がオーディションです。あなたも彼らと仕事をしたいか見て決めましょう。私は舞台の仕事をしていた時、いつも俳優に自分の権利を大事にするよう伝えました。オーディションを受ければ演出家のビジョンやスタイルがわかります。演出家が偉そうで無礼だったり、演出の方向性があなたの考えとまったく合わなかったりしたら、心の声に耳を傾け、役を辞退しましょう。あなたに才能があり、あなたにふさわしい役があれば、キャスティング・ディレクターがまたオーディションに呼んでくれます。あなたにも、成功できるように支えてくれる場を選ぶ権利があります。役を受けるつもりがなければ、二次審査に呼ばれても行かない方がいいでしょう。

最後にもう一つ。ヘッドショットと呼ばれる宣材写真が実物と似ても似つかないのは困ります。こうしたケースのほとんどは女性です。ごまかしの行為はプロフェッショナルとは言えません。キャスティング・ディレクターはあなたの写真と経歴書を見て、チャンスを得るにふさわしいと判断したからオーディションに招いたのです。ですから写真で見たとおりの俳優が現れるものだと期待しています。写真と本人があまりにも違って見える時、私は「あら、私もこのカメラマンに撮ってほしいものね！」と冗談を言うこともあります。また、男性で、何年も前に撮影した写真を使っているケースも見かけます。二、三年ごとに新しい写真に変えて下さい。十代後半のヤングアダルトや子役の皆さんは毎年写真を新しく撮り直して下さい。

ポイント

人生には不調の時期もあるものです

27 経験豊富な俳優によくある失敗は何でしょうか？

経験豊富な俳優のほとんどは演技が過剰です。私は毎回のオーディションで90パーセントの俳優たちに「演技を抑えて」と頼みます。無駄をそぎ落としてクリーンに、シンプルに演じれば、シーンの流れやテキストがはっきり伝わります。演技がおおげさになったとしても、俳優の動機はけっして悪いものではありません。彼らは才能を生かし、工夫をし、過去の経験をもとにパワフルな選択をして演じています。人物に説得力をもたせようと努力し、俳優としての能力や器の大きさを発揮しようともしています。その気持ちは理解できますが、オーディションで求められるものは違うのです。

演技の先生が「オーディションはあなたの時間であり、あなたがすべてだ」と言ったとしても、それは違います。オーディションではテキストとシーンがすべてです。あなたはテキストを演技で表現し、ストーリーを伝えるために存在します。俳優はただの道具だと言っているわけではありません。独自の選択をして彩りを加え、ユニークな人物を創り出すことができるのです。「よし、いろいろなものを足して、人物の複雑さを表現するぞ」と、演技の経験が豊かな俳優はやる気を出すでしょう。でも、時にはそうした考えを捨て、素朴に、シンプルに演じるのが最もいい場合もあるのです。特に、映像ではその方がパワフルでリアルに見える時が多いです。台本がうまく書かれていれば、強い人物を強そうに演じる必要はありません。台本のとおりに演じれば、強さが自然に伝わるように書かれています。俳優は、ほんのちょっとしたことを選んで付け加えるだけで、そこに真実味が生まれ、記憶に焼きつく瞬間になります。

もう一つ、意識してほしいことがあります。シーンが激しい感情やドラマチックな演技を求めていても、本番とオーディションとは違います。オーディションは通常、狭い部屋でおこなわれ、監督とプロデューサーはあなたの演技を小さなモニターで見ています。これは大きなスクリーンで見るのとも、現場でリハーサルを見るのとも違う見え方です。私の事務所では大きなスクリーンを使っていますが、そういう場合でも映像を意識して、抑えた表現をすることが大事です。

俳優がつい過剰に演技をしてしまうのは、きっと一生懸命に準備をしたためでしょう。**オーディションルーム**に入ってくる時に、まだ力が入り過ぎた状態になっています。役を獲得したい気持ちが強い場合や、役に思い入れがある場合は特にそうです。オーディションルームに私と俳優しかいない時は、力を抜いてもらって2テイク目を撮るようにしています。でも、監督が見に来ている場合、彼らは**プレップ**（プリプロダクション＝撮影前の準備段階）にゆっくり時間を費やす余裕はありません。他のキャスティング・ディレクターも同様で、2テイク目を撮ってくれることはそう多くないでしょう。ですから、待ち時間を利用して、ざっとリハーサルをしておきましょう。大きな声が出せる場所を見つけて発声し、余分な力を抜いておいてもいいでしょう。

新人や経験の浅い俳優から「セリフの中で特に大事な部分はありますか」とか「私のことを覚えてもらうために、印象的な選択をすべきですか」といった質問を受けますが、私の答えはいつも同じ。自意識を捨てて台本に集中し、テキストを重視して下さい。あなたのセリフは、もっと大きな物語の中の一部として存在します。シンプルに演じましょう。普通のことを普通にする登場人物も、物語には必要なのです。小さな役に溶け込むようにして自分を消し、台本の言葉の裏に身を隠すような俳優を私は尊敬します。メインの役には物語を展開させる使命がありますが、そうでない役も存在します。そうした役にはリアリティと説得力を観客に示すことが求められます。
経験豊富な俳優が多く呼ばれるオーディションは、当然ながら競争が激しくなります。新番組の**パイロット版**で、特定の雰囲気やトーンが重要視される役だとその傾向が高まります。AMCのドラマシリーズ『The Son（未）』のイーライ役がそうでした。暴力的な行為が多い役であるため、視聴者の反感を買う危険性があります。欠点があっても共感でき、許したくなるような人柄をもつ俳優が必要でした。オーディションの結果、私たちはよい俳優をキャスティングできたと思います。

ポイント

カメラはすべてを映します。
シンプルな演技が最もリアルで
パワフルに見えることも多いです

28 オーディションを受けた後、自分に対する評価などはどうすればわかりますか？

オーディションが終わったら「私はどうだったかな」と気になりますよね。評価や感想が聞きたい気持ちはわかります。うまくできたかどうかが知りたくなるのは人として当然です。ある意味、オーディションは就職面接のようなもの。でも、自分の演技がどうだったかは、たいてい勘でわかるでしょう。その場の瞬間をありのままに過ごせたならば、うまくできたと思って大丈夫です。

それでは、役はあなたに決まりでしょうか？　オーディションを受けたのがあなた一人だけなら、あなたに決まるでしょう。でも、私の仕事は優れた俳優をたくさん集めて**プロデューサー**に見せることです。あなたがよい演技をしても選ばれなかったとすれば、たくさんの理由が背後にあるかもしれません。「何度もオーディションに呼ばれて受けているのに落ちてばっかり」というなら喜びましょう。何度も呼ばれるということは、キャスティング・ディレクターがあなたをリスペクトし、演技への取り組み方を高く評価している証拠です。オーディションを受けるたびに役を得る、というのはあり得ません。俳優であるあなたはそれがわかっているし、私も同じようにわかっています。

テレビドラマ『ホルト・アンド・キャッチ・ファイア　制御不能な夢と野心』に「敗北から立ち直るのは一番難しいことなんだ。いつだってそうさ。だが俺たちはあきらめない！」というセリフがあります。そうやって長い年月を経た後で、ようやく脚光を浴びる俳優も大勢います。「一躍スターになる」とか「一夜にして成功」といった言葉は世間をにぎわせる話題づくりに過ぎません。そうして表舞台に躍り出たスターが実は、長い間、人知れず活動してきたことは語られないのです。成功を急ぐことはできません。努力の末に得た成功は、後で振り返った時にこそ甘く感じられるでしょう。

十五年もの間オーディションに落ち続けた後で、ようやく役を得た俳優がいます。その俳優とはジョン・ディール。私が彼を初めて見たのはロサンゼルスのマーク・テーパー・フォーラムという劇場で、サム・シェパード作の舞台『心の嘘』に彼が出演していた時でした。その後、ジョンは一九八〇年代に大ヒットしたテレビドラマ『特捜刑事マイアミ・バイス』でアロハシャツを着た刑事として活躍。その彼が、私の事務所でオーディションに落ち続けたことを口にした時、彼よりも私の方が恥じ入ってしまいました。それでも彼は、いつか役を得てほしいという私の願いに気づいてくれており、オーディションに呼ぶたび必ず来てくれていました。

どうしてもオーディションの評価が聞きたい時はタレントエージェントかマネージャーに尋ねてもらいましょう。ただし、俳優たちがみんな毎回そうすれば答えるのに時間がかかり、私のキャスティング業務が滞ってしまいます。

前に述べたとおり、私は二十九年前にこの仕事を始めた時から、一人ひとりの俳優のオーディションの所見をメモし続けています。オーディションに呼ぶかどうかを決める際の虎の巻にしています。エージェントからの問い合わせに答える時は、この虎の巻を参照しながら、オーディションルームでどうだったかを正確に伝えます。あなたにエージェントもマネージャーもついていない場合は、直接キャスティング・ディレクターに連絡をするのは控えた方がよいでしょう。次回、また別のオーディションに呼ばれたら、あなたの態度や演技がよい評価を得ていることは確かです。

オーディションに落ちたら、がっかりするでしょう。これぱかりはキャスティング・

ディレクターとしても、どうすることもできません。私たちがいいと思った俳優に役が決まるとは限らないのです。私たちは正確さを大事にしてリサーチし、想像力を使って準備をします。オーディションの合否を成功や失敗と受け取らないで下さい。失敗だと思える体験から、いかに立ち直ることができるか。その能力こそ、あなたのキャリアを左右します。

オーディションの後にキャスティング・ディレクターに連絡したい人もいるでしょう。私は手紙をもらうのが好きです。この仕事に就いた理由の一つはそれかもしれません。私あてに届いた郵便物は、ハガキから手紙まですべてに目を通します。「ありがとう」のカードを送る時は、必ず小さな写真を同封して下さい。キャスティング・ディレクターとの面識が浅い場合でも、すぐに思い出してもらえます。ハガキは最終的には処分してしまうのですが、他の郵便物より先に読むことは確かです。そのハガキをキャスティング・アソシエイトや共同事業者に渡した時に「何々の役にこの俳優さんが合うと思いますよ」といった声を聞く時がよくあります。それをきっかけにオーディションに来て頂くことも実際にあります。

お礼の品を贈ってくる人がいますが、その必要はありません。役にふさわしい俳優を見つけて配役するのが私の仕事ですから。一番嬉しいのは手書きのカードや手紙を頂くことです。特に、役を得て頂くために配慮をし、応援させてもらった俳優さんがよい感想を伝えて下さると感激します。私は事務所の壁に『ザ・ユニット　米軍極秘部隊』メッツ博士役の俳優マイケル・マッキーンからもらったカードをいまだに貼っています。感謝の言葉と共に「いつだって兵士と共に出動するよ」と書かれています。

ポイント

あなたの将来を左右するのは合否ではなく、
立ち直る力。成功を急ぐことはできません

まとめ

オーディションではあなたが一番好きなことができます。それは演じること！大好きな演技ができるなら、五分であろうと五時間であろうと同じに感じられることでしょう。夢のようで夢でない、とても鮮やかな世界を感じるひとときです。オーディションは子どものように戯れるチャンスでもあります。役になりきり、ごっこ遊びができるのです。あなたは俳優。空想の世界に自由に出入りする才能を持っています。ですから、演技がしたいと思った最初の気持ちをいつでも思い出せるあなたでいて下さい。結果を出すことも大切ですが、そこに至る道のりも同じぐらい大切です。

一つひとつのオーディションで、新しい人物を生み出すのはなんと楽しいことでしょう。その喜びを感じればオーディションはよい体験になり、楽しみになります。あなたの喜びはその場全体に伝わり、映像にも必ず表れます。私がそれを感じとるのは言うまでもありません。「カメラは嘘をつかない」というのは、たぶんそういう意味だと思います。

　あなたなりのオーディションの心構えを自分で見つけ、何をすれば効果的かを詳しく覚えておきましょう。場数を踏むほど、そのプロセスは変わっていくはずです。それを誰かが少し修整する助けをしてくれたなら、それも受け入れて発展させていって下さい。

　可能性があるのに試さないままでいると、かえって重荷になります。演技を始めて間もない頃は特に、受けられるオーディションはすべて受けましょう。そうして、高いレベルに自分を置いて下さい。だらだらとした環境で十ページ演じるよりも、優れた俳優と二行のセリフを演じる方を選ぶのです。テレビドラマ『Lie to me 嘘の瞬間』のオーディションに来た俳優たちがそうでした。名優ティム・ロスに対して、わずか二行のセリフを言う役です。どの俳優も、もっと大きな役にふさわしい実力派揃い。でも、みな真剣に挑戦し、やりがいと喜びを感じているのがわかりました。また別の例では、『ザ・ユニット　米軍極秘部隊』のあるエピソードをデヴィッド・マメットが演出する際、その中のワンシーンに出演したいがために他の仕事を断った俳優たちもいました。出演回数もギャラもはるかに多い仕事を蹴ったわけですから、彼らのタレントエージェントも渋い顔をしたでしょう。でも、セリフの量や出演料では計れないものがあります。「よい決断は数ではなく知識に基づいて下される」という哲学者プラトンの言葉どおりです。最高の先生に習い、実際に仕事をしている俳優たちと台本読みをして下さい。機会があれば、キャスティング事務所でリーダーとしてボランティアをするのもよい考えです。一年間講義を聞くより多くのことが半日で学べるに違いありません。台本を読んで稽古をし、また台本を読んで稽古をし、それからまた読んで稽古を続けること。

自分のエゴを捨て、すべきことに意識を向けましょう。

「テレビには出たくありません。興味があるのは映画出演だけです」と言う俳優もいますが、考え直した方がよいと思います。脚本家や俳優、監督にとって、今はテレビの黄金時代です。特にケーブルテレビでの活躍の場は著しく広がっています。これは私一人の意見ではありません。現に、有名な監督たちが続々とテレビに参入しており、マイケル・マンやフランク・ダラボン、デヴィッド・フィンチャー、デヴィッド・リンチ、バリー・レヴィンソン、スティーブン・

ソダーバーグ、スティーヴン・スピルバーグなど枚挙にいとまがありません。

ストーリーの面でもテレビドラマシリーズは非常に洗練されてきています。『ブレイキング・バッド』や『ウォーキング・デッド』、『HOMELAND/ホームランド』、『ゲーム・オブ・スローンズ』、『ダウントン・アビー』、『ボードウォーク・エンパイア 欲望の街』、『ナイト・マネジャー』などをご覧頂くとわかるでしょう。ネットワーク放映の『グッド・ワイフ 彼女の評決』は私のお気に入りのドラマでもあります。映画スターのユアン・マクレガー、ジョン・タトゥーロ、マット・デイモン、ティム・ロス、ケヴィン・ベーコン、デニス・クエイド、ローラ・リニー、クレア・デインズ、グレン・クローズ、メアリー・スティーンバージェン、アンジェリカ・ヒューストン、キャシー・ベイツ、グウィネス・パルトロー、ダスティン・ホフマン、アル・パチーノらがみな、テレビに活動の場を移すのも不思議ではありません。

スポーツ選手にたとえながら話しましょう。打席に入るたびにホームランを打つ必要がないように、一回の出演で大きな結果を出す必要はありません。テレビドラマが俳優たちを惹きつける理由は、何週間にもわたってゆっくりと人物描写を発展させていけるからです。視聴者にとっても人物が成長し、変わっていく姿を見守る楽しみがあります。『ブレイキング・バッド』がよい例です。主演俳優ブライアン・クランストンは高校の化学教師でうだつの上がらない中年男性という役どころ。その後、5シーズンかけて、最強の麻薬密売人へと大きな変貌を遂げるまでを演じ切りました。

エンターテインメント業界を生き抜いていくのは難しいことです。なかでも俳優は最も難しいと私は思います。生き残るために、タフでハードな態度と姿勢で自分を守ろうとする人もいます（そうなるのも不思議ではありません）。一方、もっと内省的でスピリチュアルになろうとする人もいます。私は後者になることをお勧めします。内面を見つめると、人は詩人のようになり、自分がアーティストであることを思い出すからです。あなたはどのようなアートを追求するのでしょうか。それをビジネスと分けて考えて頂きたいのです。

いつでも、どこでも、どんなふうにしても、演技の力を動かす筋肉を働かせ続けましょう。その筋肉が衰えては元も子もありません。映像のオーディションを受けるかたわら、舞台劇への取り組みもぜひ続けて下さい。戯曲は息長く存続します。『摩天楼を夢みて』というタイトルで映画化された戯曲『グレンギャリー・グレン・ロス』は一九八四年にブロードウェイで初演されました。作者デヴィッド・マメットと出演者の一人アル・パチーノは再び手を組み、二〇一二年秋にブロードウェイで再演を果たしました。俳優の実年齢や外見に縛られがちなテレビや映画に比べ、演劇の世界はキャスティングに自由度がありま す。稽古期間も比較的長く取れますから、役づくりを深める時間も持てます。

そして、感謝と喜びを忘れずにいましょう。どんな道をたどろうと、あなたが旅路を歩む時。オーディションを終えて、よい気持ちで帰る時。監督や脚本家の前で演じ、新たな出会いを得る時。たとえ小さな役だとしても、演じる機会を得た時。そして、新しいキャスティング・ディレクターに出会う時も、チャンスを祝う気持ちでいて下さい。

役を得たら、キャスティング事務所にお知らせのハガキを送って下さい。情報公開がOKならソーシャルメディアにも投稿しましょう。時が過ぎるのは早いですから、PRするのも早いうちがお勧めです。初出演やゲスト出演、パイロット版への出演が決まった時だけでなく、オーディションで初めて自分が満足できる演技ができた時も、喜びを伝えて下さい。

演技が楽しくなくなった時は、何か別の、もっと簡単なことをしてみましょう。よい演技はいともたやすく、スムーズになされているように見えるものです。でも、優れた俳優はそこに至るまでに多くの努力が必要だと知っています。

用語集／オーディション・チェックリスト

アクターズ・アクセス　Actors Access

俳優を対象とする会員限定のウェブサイト。毎日更新のキャスティング情報は親会社「ブレイクダウン・サービス」が発信源であり、キャスティング・ディレクターが情報解禁したプロジェクトだけを掲載。

IMDb（インターネット・ムービー・データベース）
IMDb（Internet Movie Database）

映画やテレビ番組に関する情報や、俳優、制作スタッフといった関連する人物のプロフィール、ビデオゲームやフィクション作品のキャラクターなど視覚的娯楽メディアに登場するものに関する情報を掲載したオンライン・データベース。

IMDbPro（インターネット・ムービー・データベース・プロ）　IMDbPro（Internet Movie Database Pro）

映画・テレビ業界のプロフェッショナルを対象とした、クレジットや経歴、連絡先情報などの詳細を掲載するオンライン・データベース。進行中の企画や撮影準備期間中の作品についての情報も掲載されている。

エキストラ　Extras

背景に登場する、セリフのない俳優。

エキストラ・キャスティング・ディレクター
Extras Casting Director

シーンの背景に登場するセリフのない役を募集して確保するキャスティング・ディレクター。

エグゼクティブ・プロデューサー　Executive Producer

テレビシリーズと呼ばれる連続ドラマの企画から完成まで、クリエイティブ面や予算面、制作進行を含むあらゆる面を統括するプロデューサー。テレビシリーズの場合は脚本家が全体を率いる場合が多いが、エグゼクティブ・プロデューサーはクリエイティブ面とビジネス面の最終責任を負い、ネットワークか資金調達をおこなう企業との折衝をする。エグゼクティブ・プロデューサーは番組内で大きくクレジットされることも少なくなく、しばしばプロダクション・エグゼクティブもしくはファイナンサー、ヘッドライター、ショーランナーの肩書きも兼ねる。映画においては脚本家が就任することは稀だが、長編映画のエグゼクティブ・プロデューサーは前述の責務のすべてを負うことに変わりはない。

LAキャスティング　L.A. Casting

ウェブサイト「キャスティング・ネットワークス（Casting Networks）」の中にあるオンライン・キャスティング・サービス。キャスティング・ディレクターはオーディション情報を投稿することができる。情報の一部は「ディレクト・キャスト（DirectCast）」と呼ばれるセクションで俳優向けに公開。

オーディションルーム　Audition Room

俳優が役を実演して能力を示すための部屋。俳優とキャスティング・ディレクターの他に相手役のセリフを読み上げる「リーダー」やカメラ・オペレーター、プロデューサー、脚本家、監督などが同席することもある。ビデオテープを使用するカメラで、俳優の演技を撮影・記録していたことから「テーピングルーム」とも呼ばれる。

オフブック　Off book

暗記を終えた俳優が、台本を見ないで演技ができるようになった状態を指す。

キャスティング・アソシエイト　Casting Associate

俳優の募集や選考作業において、キャスティング・ディレクターと関係者の下で働くスタッフ。オーディション前の台本読みや、プロデューサー／監督との打ち合わせを担当する。俳優との契約交渉、配役リストの考案にも参加することがある。

ゲスト・スター／ゲスト出演　Guest Star

連続テレビドラマの一つのエピソードの中で大きな役を演じること。数日間にわたって複数のシーンを撮影することが多い。オープニングまたはエンディングに名前がクレジットされる。無名の俳優がゲスト出演の大役を獲得することも多い。

コ・スター／共演スター　Co-star

一つのシーンあるいは複数のシーンに出演する脇役。数行のセリフがある場合が多い。ゲスト出演より小さい役。クレジットもそのように示される。

コールバック　Callback

一次オーディションで選ばれた俳優だけが参加する二次オーディション。候補者が絞り込まれているため、この時の場にはキャスティング・ディレクターだけでなく、作品の監督やプロデューサー、脚本家も列席して俳優の演技を見ることが多い。

再使用料　Residuals

作品が完成した後に続いておこなわれる公開や上映、放映に対してクリエイターやパフォーマーに支払われるお金。

サイズ　Sides

俳優がオーディションの準備のために使用する台本。通常は一つの脚本からワンシーンあるいは複数のシーンを抜粋したもの。キャスティング事務所かエージェントなどの代理人から送付される。インターネット上で閲覧、ダウンロード可能な形で提供される場合もある。

シットコム　Sitcom

シチュエーションコメディの略称。家庭や職場など、共通の場に人物たちが登場してくり広げる三十分枠のテレビドラマ。セリフはジョークを含み、人物が居心地の悪い状況や慣れない場所に置かれることでユーモアが派生し、笑いを生む。一台のカメラで撮影する「シングル・カメラ・スタイル」で制作される番組（例：『ラリーのミッドライフ☆クライシス』『30 ROCK／サーティー・ロック』）とライブ形式で観客をスタジオに入れて複数のカメラで撮影する「マルチ・カメラ・スタイル」（例：『チャーリー・シーンのハーパー☆ボーイズ』）とがある。

ショーランナー　Show Runner

テレビ業界でのエグゼクティブ・プロデューサーやスーパーバイジング・プロデューサーを指す名称。番組の日々の制作進行を統括して進める責任を負う。

シリーズレギュラー　Series Regular

テレビ番組において、ストーリー展開の基軸となるメインキャストの俳優。主役として特別に扱われ、番組と契約を結ぶ。最初からシリーズレギュラーとして雇用される場合と、過去の出演から格上げされる場合がある。

シングルエピソード　Single Episode

テレビ番組において、週ごとに異なるシナリオを用いて放映する三十分間もしくは一時間の枠。毎週一話完結の番組と、毎週のエピソードを連続させてメインのストーリーを描く「テレビシリーズ」と呼ばれる番組形態がある。

スタジオ・エグゼクティブ　Studio Executive

映画スタジオにおいて、企画についての予算から主要人事の承認まで、幅広い範囲で責任を負う社員。

スタント・コーディネーター　Stunt Coordinator

経験豊富なスタントパフォーマーで、テレビや映画でのスタントをアレンジし、指導する専門家。オーディションの場でキャスティング・ディレクターと一緒にスタントの動きをアレンジすることもある。スタントを含む脚本において、どの俳優を起用するかを監督と共に検討する立場でもある。

スレート　Slate

映像向けのオーディションに参加する俳優が、カメラの前でテイクを撮る際、まず最初に氏名と役の名前を述べること。テイクの最後に入れる場合もある。

セルフテーピング　Self-Taping

俳優が自宅やスタジオを使い、自分で自分の演技をビデオ撮影すること。キャスティング・ディレクターの補助を得ずにおこなう、いわゆる「動画の自撮り」。

ダイアレクト・コーチ　Dialect Coach

役柄として設定されている外国語や地域に特有の話し方を俳優がマスターするために、発音や音声学に焦点を当てて指導をするコーチ。

第二のスクリーン　Second Screen

テレビや映画、ビデオゲームなどを観るのと併行して使われるノートパソコンやタブレット、スマートフォンなどのモニターを指す。視聴者どうしの情報交換や議論も容易であり、しばしばソーシャルメディアが利用される。

タレントエージェント　Talent Agent

俳優のために出演の機会を見出して斡旋し、出演契約の交渉を請け負う代理人。キャリア構築のアドバイスもおこなう。米国のほとんどの州において、州や市、またはしかるべき団体が交付するライセンスを取得することが義務づけられている。無許可であることが発覚した場合、契約は無効となり、いかなるコミッションも強制的に放棄となる。標準額は俳優の出演料の10パーセント。

ナウ・キャスティング　Now Casting

多くのスタジオやネットワークが利用する、米国のオンライン・キャスティングのウェブサイト。キャスティング・ディレクターはオーディション情報を投稿し、電子データの形で映像を視聴、管理することができる。

ネットワーク・エグゼクティブ
Network Executive

テレビドラマの制作や放映をおこなうネットワーク局の社員。キャスティングの確認や企画開発、スケジュール作成の補助の他、脚本家やディレクターと共に番組の雰囲気や方向性を検討するなど幅広い責務を負う。

パイロット・シーズン　Pilot Season

テレビドラマシリーズのパイロット版のキャスティングが集中する時期。従来では春の撮影に間に合うように、毎年一月から三月とされてきた。既存のネットワークはいまだにこの時期を踏襲しているが、ケーブルテレビのネットワークが勢いを増した現在では年間をとおして常にキャスティングがおこなわれている。

パイロット版　Pilot

テレビネットワークに企画を売るために制作される、連続ドラマシリーズの単発エピソード。ストーリーの第一話であることが多い。ネットワークからの委託を受けて制作されることもある。パイロット版が制作される時は、シリーズとして成功するかどうかを見る試作品のような位置づけで捉えられる。

バラエティ　Variety

エンターテインメント業界の最新情報やレビューが掲載された業界紙。有料の電子版もあり、検索可能なアーカイブや興行収入チャート、各国での興行収入、データベース、映画やテレビの制作情報、業界カレンダーなどにアクセスできる。また、一九一四年から現在までの作品レビューも閲覧可能。

ブレイクダウン・エクスプレス
Breakdown Express

キャスティング・ディレクターと俳優の代理人（エージェントおよびマネージャー）とを「ブレイクダウン・サービス」につなぐためのウェブサイト。その日のキャスティング情報を即時に掲載。代理人はその情報を閲覧し、担当の俳優たちの中からふさわしい候補を選ぶ。そして、このウェブサイトをとおして候補者の写真と経歴書、映像をキャスティング・ディレクターに送る仕組みになっている。

ブレイクダウン・サービス
Breakdown Services

正規の代理人に向けて詳しいキャスティング情報を提供する組織。会員限定アクセス、オープンコールによる公募、オンラインストアや連絡先情報なども提供。所有する「アクターズ・アクセス」の運営もおこなっている。

プレップ　Prep

通常、映画やテレビ番組が制作される前の準備期間を指す。

ブロッキング　Blocking

セットでの演技で俳優がどこへ、いつ、どのように動くかプランを立てること。

プロデューサー　Producer

米国のテレビ業界ではプロデューサーが脚本家を兼ねることが多い。脚本の決定稿に大きく貢献した脚本スタッフがプロデューサーとしてクレジットされることもある。

米国キャスティング協会　Casting Society of America

アメリカ合衆国で映画、テレビ、舞台に携わるキャスティング・ディレクターで構成される団体。俳優や監督、脚本家や撮影技師などがそれぞれ構成するユニオン（組合）とは異なるもの、会員はキャスティングにおけるプロフェッショナルの水準を維持。エンターテインメント業界からの信頼を得ている。

マネージャー　Manager

俳優にアドバイスを与え、相談にのるプロフェッショナル。エージェントと連携をとりながら、あらゆる面にわたってその俳優のキャリア構築を密にサポートする。俳優の出演料収入の何パーセントを謝礼にするかを交渉で決め、マネージメントの対価とする。マネージャーの仕事をするのに規制はなく、ライセンスも不要。ただし、俳優やアーティストの雇用の斡旋や交渉にはライセンスを取得したエージェントを必ず関与させるよう法律で定められている。

リーダー　Reader

オーディションで俳優の相手役のセリフを読み上げる人。通常、キャスティング事務所に雇われているスタッフが担当する。

家を出る前に次の項目を確認しよう！

1 アポイントメントの情報を確かめる。
オーディションの日時が他の予定と重なっていないか確認。

2 オーディションに来場する
監督や脚本家などの名前があらかじめ知らされていたら、
忘れないように名前をメモ。

3 宣材写真と出演経歴書を
複数プリントアウトして持参。

4 台本はスマートフォンやタブレットでデータを見るだけでなく、
紙面にプリントして持参。

5
オーディション会場に向かう途中で電波状況が悪くなった場合に備え、現地への地図や行き方を紙面にプリント。

6
顔写真付きの身分証を忘れずに
(保安上の理由で提示を求められる場合が多い)。

7
着替え用に、複数の色のシャツと靴をバッグの中へ。

8
女性はメイク道具と髪を束ねるゴムなどを持参。

9
肌についた香水や
アフターシェーブローションなどは洗って落としておく。
また、役にふさわしくないアクセサリーははずす。

10
息を爽やかにするガムやミント類を用意。

オーディションの心構えを覚えておこう！

1
オーディションでまず満足させるべき観客はあなた自身。

2
オーディションを受ける作品のことはできる限り調べておく。
全体的なトーンや雰囲気、ストーリーをとおして人物がたどる変化とシーンの重要性など。

3
シーンの中での最初のセリフと最後のセリフ、中盤のどこかのセリフをしっかり覚えておけば、映像の最初と最後にあなたの表情がしっかり映る。

4
宣材写真を忘れてきたら、
キャスティング事務所の壁に貼ってもらうチャンスをなくす。
オーディションのゴールは役を得ることではなく、あなたのことを覚えてもらって何度も何度もオーディションに呼んでもらうこと。

5
役に合わせた衣装を着る必要はないが、役づくりの助けになるならぜひ活用しよう。

6
あなたを支えるのは自分に対する自信と心の声。将来、必ず役に立つ。

7
オーディションルームの雰囲気がフレンドリーかどうかは気にしない。そこは、あなたに与えられたテキストに描かれる幻想を、あたかも真実であるかのように演じる場。決まった形はないので、流れに従うこと。あなたが自分で左右できるのはあなたの演技だけ。

8
よいオーディションでは素のあなたと役のあなたの両方がはっきり見える。だが、役が最も大事。

9
米国内でのオーディションでアメリカ人の役を受けに来た時は、アメリカ英語で自然に会話をするのがベスト。

10
人物の設定に言葉の訛りがある場合、キャスティング・ディレクターは選考の要素として重要視する（もちろんその他の要素も加味される）。

11
毎回75パーセントほどの俳優が座って演技をするが、立つか座るかはあなた次第。また、シーンによっても変わる。

12
考えれば自分で答えがわかるような質問をキャスティング・ディレクターにしないこと。

13
オーディションで複数のシーンが与えられている場合、次のシーンに移る前に気持ちを切り替える間が与えられたら、その時間を生かすこと。

14
カメラに映らない位置に立ってシーンを開始する場合、フレームにあなたが映る位置に来てからセリフを言うこと。オーディションではあなたが映像に映る時間が限られている。余すところなく活用して人物を演じてほしい。

15

実行不可能なト書きは無視する。
例えば「キスする」と書かれていても、
キスをする動きをまねてはいけない。
人物が求めていることと言っていることに意識を集中させ、
他はいっさい気にしないこと。

16

シーンに複数の人物が登場するが、
読み合わせの相手役となるリーダーが一人しかいない場合、
自分のセリフはすべてその人に向けて言う。
誰もいない空間に向かってセリフを言うより、
はるかにやりやすい。

17

オーディションルームの広さに合わせて演技をすること。
あなたの演技はクロースアップで撮影されているため、
すべてが大きく映ることを意識しよう。
ただ大きく目立つ演技がよいとは限らない。

18

テキストに役立つような、はっきりした選択をして演じれば印象に残りやすい。ちらりと見上げる視線やほほえみ、笑い、独特の間の取り方といったささやかなことがあなたを目立たせ、配役の決め手になる。
キャスティング・ディレクターはそれを「シグネチャー」と呼んでいる。
演技の中で最低三つ、こうしたささやかなリアリティがあるとよい。

19

俳優の仕事は脚本を書き直すことではなく、
ニュアンスや濃淡を加えてよりよい作品にすること。

20

失敗したらやり直してもいいが、
言い間違いやミスを生かして演じ続けてもかまわない。
その方がリアルで独特の瞬間を生むかもしれないから。
自分の直感を信じよう。
また、監督もプロデューサーも
あなたの成功を願っていることを忘れずに。

21
オーディションルームに誰がいるかは気にしない。
題材に意識を集中させる。

22
監督やプロデューサーが来場していなくてもがっかりしないこと。
あなたは見捨てられたわけでもないし、低く見られているわけでもない。
プロデューサーがその場にいない方がのびのび演技できる俳優もいる。
キャスティング・ディレクターにとっても
余裕がもててよい場合が多い。

23
自分がオーディションを受ける役ではない人物の台本を
課題としてもらったら、自分の役としてセリフを言い、演じる。

24
自分で制作した連続ドラマやホームビデオを
インターネットに投稿、公開するのもお勧め。
俳優が自由に活躍できる時代を楽しもう。

25

俳優が自分で演技を撮影したデータを受け付けるオーディションが増えてきた。ニューヨークやロサンゼルス、ロンドンに移住しなくてもテレビや映画、その他のメディアの仕事を得るチャンスがある。

26

準備をしないでオーディションルームに来ないこと。

27

カメラはすべてを映し出す。ただシンプルに演じることが最もパワフルでリアルに見える場合が多い。

28

どのオーディションに落ちたか、受かったかであなたのキャリアは決まらない。失敗だと思えるものから立ち直る力がものを言う。

謝辞

本書を書くことができたのは、才能と熱意にあふれる人々の支えのおかげです。まず、初版執筆の際に助手を務めてくれたリザ・モネ・モラレス。私が二十一世紀のテクノロジーについて行けたのも、原稿を書く力が湧いたのも、リザの熱意と知性と導きのおかげです。次に、日々の仕事に喜びを与えてくれる共同事業者、「ワンダー・ウーマン」ことシェリー・トーマス。素晴らしいキャスティング・ディレクターである彼女に心から感謝します。同じく私の事務所で才能を発揮してくれている、キャスティング・ディレクターのゴーハー・ガザジャンとラッセル・スコット。彼らは私が予定などをうっかり忘れてしまわないよう、常に気遣いをしてくれました。キャスティング・アソシエイトのステーシア・キムラーと、助手のアリッサ・モリス。彼女たちのおかげで、私はキャスティング・ディレクターとして日々成長させて頂いています。女優エラ・ダーショウィッツはこの本の初稿と初版に目を通し、深い洞察力に富む質問をくれました。おかげで非常によい本になりましたので、彼女と一緒に大学入試の勉強がしたくなったほどです。質問への回答については、当時インターンだったポール・ディヴィートの協力を仰ぎました。最近の話題からテクノロジーまで、私にわからないことがあるといつでも助けてくれた息子のジョシュへ。あなたの励ましのおかげで執筆が続けられました。娘のミシェルはたくさんの元気を与えてくれました。本当にありがとう。それから、私の母、アン・ビアリーへ。母は昔、私が学校から帰って来ると、いつも夕方四時半の映画番組をテレビで観て、俳優の名前を全部教えてくれました。今、私がこうしてキャスティングの仕事をしているのも母のおかげです。兄のマークは一九七〇年代、ブロードウェイの舞台が開演から中盤までが終わると、いつもこっそり入場させてくれました。それで私は演劇が――途中入場ゆえに第二幕から、ですけれど――大好きになりました。それから、常に励ましてくれた友人ゲイリーとリサ・フォスター、キャロリン・コーエン、アラン・ダーショウィッツ、スーザン・バーマン、ブライアン・グランディソン。私の弁護士であり『Saving Sammy:A Mother's Fight to Cure Her Son's OCD(未)』の著者でもあるベス・マロニーの叡智と助言はいつも心に留めています。編集者トリス・コバーンは私の多忙な業務を理解してくれた上で、出版に向けてゆっくりと背中を押してくれました。感謝いたします。

長年のキャリアの中で、ご一緒させて頂いたすべての脚本家、監督、プロデューサーの皆様へ。私にひらめきを与えて下さり、時には心をかき乱し、素晴らしい作品を生み出すための努力とはどういうものかを示し続けて下ったことに御礼申し上げます。

脚本家で演出家のデヴィッド・マメットは、私が著書を出版したいけれども不安だと打ち明けた時、「気にするなよ、すごくいいアイデアじゃないか」と励ましてくれました。座って原稿を書くのが難しいと相談すると「では、立って書けばいい」とも。同じく脚本家で映画監督のビリー・レイは映画制作の全工程において、キャスティング・ディレクターとの優れた協力関係が大切だと思い出させてくれました。最後になりましたが、あらゆる年代の俳優の皆様に、最大級の感謝の気持ちをお伝えしたいと思います。私が毎日仕事に向かうモチベーションを与えて下さっているからです。俳優の仕事は最も難しく厳しいもの。

オーディションでカメラの前に立つのは大変なことです。皆様の才能と勇気にはいつも心を揺さぶられ、感動しています。

日本語版によせて

奈良橋陽子
（キャスティング・ディレクター／演出家）

海外の企画に出演するためのオーディションは以前からありましたが、特にこの数年間、その数は飛躍的に増えています。では実際に、俳優の方はどうやってオーディションを受けたらいいのか、ベストな演技をしてもらうにはどうしたらよいかと考えた際、アメリカのトップキャスティング・ディレクター、シャロン・ビアリーさんの本を翻訳するべきだと思い、この企画を出版会社に紹介し、日本ユニ・エージェンシーの竹内えり子さん、フィルムアート社さんに実現していただきました。多くの俳優、映画やテレビドラマの監督、プロデューサーなどに興味を持ってもらえる本だと思います。

シャロン・ビアリーさんと彼女の会社のメンバーであるラッセル・スコット

さんには、二〇一九年に初めてお会いしましたが、以前からシャロンさんのお仕事ぶりは知っており、大変尊敬していました。

お会いできたのはシャロンさんと同じ企画で仕事をさせて頂くことになったからです。私は日本人俳優の担当でした。

シャロンさんの会社を訪れ、彼女のチームの皆さんにもお会いしました。皆さん大変フレンドリーで、特にシャロンさんとはもう何年も前からの知り合いのように感じられました。

お話をしていてすぐわかったのは、彼女が一人ひとりにきちんと気を配って、話を聞く方であるということでした。「聞く」ということは演技する上でも本当に大事なことなのですが、コミュニケーションにおいても最も重要なポイントだと思います。「聞く」というのはただ言葉を認識するだけではなく、身体と心で受け取ることができる力のことなのです。

彼女が最初にブレークしたのは、今ではテレビドラマシリーズを開拓したと各方面から絶賛されている『ブレイキング・バッド』でした。その後も『侍女の物語』や『バリー』等、たくさんの作品をヒットさせています。

これは余談ですが、彼女自身、舞台俳優出身で、「やはり舞台俳優は技術を持っているので、大変良い」と言っていました。イギリスの俳優は基本的に舞台出身なので、アメリカで成功している俳優にイギリス出身者は多いです。


日本でも、オーディションシステムが十五年くらい前から少しずつ増えてきているように思います。これからは配信サービスの活性化に伴って、オーディションが一層多くなってくるでしょう。そこでシャロンさんの『俳優のためのオーディションハンドブック』が大変役に立つことと思います。シンプルにはっきりと、分かりやすく書かれていますので、オーディションを受けるにあたっての緊張感や恐怖心が、この本を読むことでやわらぎ、少し楽な気持ちになって臨めるように感じます。

またこの本は、オーディションを受ける側のためだけではなく、まだまだオーディションというシステムに慣れてない日本の制作側にとっても、このシステムを理解する良いきっかけになると思います。

日本の作品においては、キャスティングの際にまだまだその俳優の知名度に左右されることも多いように思いますが、実際のところ、もっと広い範囲から選んでいこうとしないと、本当にその役に合う人は見つからないと思います。アメリカではケーブルテレビが主流になっていくとともにハイステータスな俳優でなくとも、それほど知名度がない俳優でも素晴らしい役に抜擢され、大いに活躍し始めているのです（ブライアン・クランストンも最初はあまり知られていなかったのです）。

一方で、アメリカでは日本人の俳優はまだあまり知られていないので、この本が日本語で出版されることで新しい、有望な俳優を紹介していける可能性が広がるはずです。

オーディションに慣れていない俳優の皆さん、シャロンさんが言うように、まず楽しんでください。そして「IN THE MOMENT」。その瞬間に命を注ぐように、本当の全力でそこに存在してください。じゅうぶんに準備をして、いざオーディションを受けるという時には、こちら側はあなたを「応援している」と思ってください。決して落とすためにオーディションをおこなっているわけではないのです。またプロのキャスティング・ディレクターは決して自分の趣味や好みでオーディションをしてはいません。キャスティングする側から言うと、その役に一番合う俳優を探そうとしているのであって、決して落とすことを目的としているわけではありません。むしろその逆で、私たちは全力で向かってきてくれる俳優の皆さんを心から応援しているのです。

最初に述べた通り、幸運なことに去年からシャロンさんと一緒にキャスティングをしている企画があります。彼女がアメリカ側の、そして私は日本側の担当です。

この作品はまだ今年も続いています。なので今、ほぼ毎日といってもいいくらい連絡を取り合っているのです。彼女のところには本当に優秀なチームがいます。彼女の人間性という光に皆が集まっているように感じられます。

この企画の主な撮影場所はアメリカですが、もうまもなく日本でも撮影をおこなう予定です。シャロンさんと日本で一緒に仕事をできるのがとても楽しみです。

最後に一言。そのオーディションでは役を獲得できなかったとしても、そこでいい演技をすれば、他の企画の時にまた声がかかる可能性が残るのです。だからどうか落ち込まないでください。あの名優、アル・パチーノもよく言っていましたが、オーディションを楽しむこと、監督の前で演技できることの喜びを、どうか存分に味わってください！

[著者プロフィール]

シャロン・ビアリー（Sharon Bialy）

1986年にコマーシャルのキャスティング助手として業界に入った後、舞台・映画へと活動の場を移す。デヴィッド・リンチ監督『ブルーベルベット』でキャスティング助手を務め、キャスティング・ディレクターであるリック・パガーノのキャスティング・アソシエイトを経て自らもキャスティング・ディレクターとなる。

芸術監督デス・マカナフと15年来の親交があった経緯から『A Walk in the Woods（未）』『ジャージー・ボーイズ』『The Farnsworth Invention（未）』といったブロードウェイの舞台公演のキャスティングを担当。またデヴィッド・マメット作の舞台劇『Race（未）』『The Anarchist（未）』『China Doll（未）』の米国西海岸でのキャスティングも務めた。

映画作品でも大作からインディペンデントまで幅広くキャスティングを手がけ、担当した作品に『チャイルド・プレイ』『ドラッグストア・カウボーイ』『ハートブルー』『レッドベルト 傷だらけのファイター』などがある。テレビドラマでは『ブレイキング・バッド』『ウォーキング・デッド』『GOTHAM/ゴッサム』『The Son（未）』などにパイロット版から関わり作品を成功させた。

2011年、メディアアクセスアワードにてCSA賞を受賞。2015年、『ブレイキング・バッド』で米国キャスティング協会が選ぶアルティオス・アワードに輝く（ノミネートは16度）。『ブレイキング・バッド』ファイナルシーズンで共同事業者シェリー・トーマスと共にエミー賞ノミネート。

全米テレビ芸術科学アカデミーおよび映画芸術科学アカデミー会員。ロサンゼルスで上演された優れた舞台作品を表彰するLAステージ・アライアンス・オベーション・アワードの投票委員を過去に務め、現在では映像作品をとおして国際理解を促進する団体ジャーニーズ・イン・フィルムの諮問委員会に参加。

LAファミリーマガジンにコラム「The Kids Casting Corner（未）」を執筆、掲載。また、米国キャスティング協会において2012年から2015年にわたり役員を務める。新刊『How to Self-Tape Your Audition (with interactive links)（未）』と小説『I Never Had a Couch: Tales from Behind the Door of a Casting Office（未）』の発売が予定されている。

[監修者プロフィール]

奈良橋陽子（ならはし ようこ）

キャスティング・ディレクター、演出家、作詞家。『太陽の帝国』『ラストサムライ』『バベル』といったハリウッド映画のキャスティングに関わり、日米をつなぐ仕事をおこなっている。キャスティング・ディレクターとして活躍する以前から、作詞家および演出家として活動し、ロックバンド・ゴダイゴの楽曲の作詞や、ミュージカル『ヘアー』や『チャーリーとチョコレート工場のひみつ』などの演出を担当。また国際基督教大学（ICU）卒業後、渡米しニューヨークのネイバーフッド・プレイハウスで演劇を学んだ経験を活かし、俳優の育成などをおこなうユナイテッド・パフォーマーズ・スタジオを立ち上げた。全米キャスティング協会の会員でもある。

[訳者プロフィール]

シカ・マッケンジー（Shika Mackenzie）

関西学院大学社会学部卒業。「演技の手法は英語教育に取り入れられる」とひらめき、1999年渡米。以後ロサンゼルスと日本を往復しながら、俳優、通訳、翻訳者として活動。教育の現場では、俳優や映画監督の育成にあたる。訳書は文化庁日本文学普及事業作品『The Tokyo Zodiac Murders』（英訳、共訳）、『魂の演技レッスン 22 』、『“役を生きる” 演技レッスン』、『演出についての覚え書き』、『俳優・創作者のための動作表現類語辞典』、『人気海外ドラマの法則21』（フィルムアート社）他。

俳優のためのオーディションハンドブック
ハリウッドの名キャスティング・ディレクターが教える
「本番に強くなる」心構え

2020年3月26日　初版発行

著　者　シャロン・ビアリー
監修者　奈良橋陽子
訳　者　シカ・マッケンジー

発行者　上原哲郎
発行所　株式会社フィルムアート社
〒150-0022
東京都渋谷区恵比寿南1-20-6 第21荒井ビル
Tel 03-5725-2001　Fax 03-5725-2626
http://www.filmart.co.jp

装丁・本文イラスト　吉田考宏
装　画　北村みなみ
編　集　伊東弘剛（フィルムアート社）

印刷・製本　シナノ印刷株式会社

Printed in Japan
ISBN978-48459-1927-7 C0074